백만 크리에이터의 모든 것

메타버스 NFT 실전 교과서

공 저   이종선 윤성임 이수안 최태선 김선영

미디어북

메타버스 NFT 실전 교과서

초 판 인 쇄	2022년 4월 18일
초 판 발 행	2022년 4월 26일

공 저 자	이종선 윤성임 이수안 최태선 김선영
발 행 인	정상훈
디 자 인	신아름
펴 낸 곳	미디어북

서울특별시 관악구 봉천로 472
코업레지던스 B1층 102호 고시계사

대 표 02-817-2400   팩 스 02-817-8998
考試界·고시계사·미디어북 02-817-0418~9
www.gosi-law.com
E-mail : goshigye@chollian.net

판 매 처	미디어북·고시계사
주 문 전 화	817-2400
주 문 팩 스	817-8998

정가 18,000원   ISBN 979-11-89888-27-5   03320

미디어북은 고시계사 자매회사입니다

메타버스! NFT!
지금 시작하라!

Preface

최근 가장 화두가 되고 있는 IT 용어가 있다. 바로 메타버스와 NFT이다. 포털 사이트에서 검색을 하면 매일같이 메타버스와 NFT에 관련된 기사가 쏟아지고 있다. 메타버스란 가상, 초월을 의미하는 메타(Meta)와 우주, 세계를 의미하는 유니버스(Universe)의 합성어이다. 현실 세계와 같은 사회, 경제, 문화 활동이 이루어지는 가상의 3차원 세계를 말한다.

사실 메타버스는 새로운 개념은 아니다. 1992년 미국의 SF작가 닐 스티븐슨의 소설 '스노크래시'에서 처음으로 언급이 되었다. 2000년대 초반에도 비슷한 서비스인 '세컨드라이프', '싸이월드'를 통해 조금씩 경험해왔다. 이후 2018년 스티븐 스필버그 감독의 영화 '레디플레이어원'은 바로 메타버스의 세상의 미래를 그대로 재현해주고 있다.

메타버스 세상에서는 우리가 현실세계에서 생활하는 것을 그대로 가상공간에 재현하게 되는데 일상생활을 메타버스 세상에서 구현되는 것이다. 함께 모여서 와인도 마시며 이야기를 하고, 회사에 출근해서 업무회의와 교육도 진행하는 일련의 활동들이 가능해지는 것이다.

메타버스는 산업 전 영역에 걸쳐 적용되고 있으며, 우리의 일하는 방식도 바뀌 나가고 있다. 특히 글로벌 기업은 이미 아바타를 이용한 회의, 근무, 직원교육, 공정 노하우 전수 등 다양한 영역에서 메타버스 속 가상공간을 활용해 업무의 몰입감과 효율성을 높이고 있다. 메타버스를 게임의 일종으로 보는 경우도 있었지만 게임유저들은 조금 더 쉽게 접근할 수 있기는 하다.

국내에서 주로 활용되고 있는 메타버스 플랫폼으로는 네이버의 제페토(ZEPETO), SK의 이프랜드(IFLAND), 오비스, ZEP 등이 있다. 국외 플랫폼으로는 게더타운, 로블록스, 포트나이트 등이 대표적이다.

메타버스의 세계에서는 아바타를 이용하여 나를 대신해 모든 일을 하고 있으며, 지속적으로 이비디들도 개발이 되고 있다. 또한, 신한라이프이 모델 로지는 가상인간이다. 마치 사람과 비슷하여 진짜로 착각할 수 도 있다.

메타버스는 MZ세대들을 중심으로 디지털세계에서 함께 사회와 문화, 경제 생활을 하는 대표적인 공간이 되고 있다. 이러한 공간에서 경제활동을 하는 것 중 가장 큰 시장은 바로 NFT로 불리우는 시장이다.

NFT는 대체불가능한 토큰(Non-Fungible Token)의 약자로 교환과 복제가 불가능하여 고유성과 희소성을 가지는 가상자산이라고 할 수 있다. 바로 블록체인이라는 기술위에서 존재하고 있으며 가장 중요한 점은 디지털 자산에 대한 소유권이라고 할 수 있다. NFT시장의 규모는 2019년 1,600억 원에서 2030년에는 1,000조원을 넘을 것으로 예상하고 있다.

메타버스와 NFT의 세계는 앞으로 우리생활과 떨어질 수 없는 디지털세계이다. 인터넷과 스마트폰이 일상화된 것처럼 메타버스의 세계도 일상화 될 것이다. 특히 MZ세대의 경우에는 이미 디지털에 대해 익숙하고 자신들의 아바타를 만들어 메타버스 세상에서 생활하는 것에 대한 거부감이 없고 현실처럼 받아들이고 있다고 한다. 또한, 5G에서 6G로 대용량 데이터의 속도처리가 빨라질 것이다. VR과 AR에서 향후에는 혼합현실(MR)과 XR(확장현실)로의 기술발전은 메타버스 세상을 더욱 실감나게 할 것으로 보여지고 있다.

마이크로소프트와 메타, 엔비디어 등의 외국 기업들과 국내 제페토, 이프랜드 기업들이 메타버스의 성장과 지속적인 발전을 이루어 낼 것으로 보인다. 이제 우리는 메타버스의 NFT의 시작점에 서 있다. 이러한 메타버스 세상 속에서 공공기관, 지자체가 해야 할 역할과 기업의 혁신방향, 일반 시민들이 접근할 수 있는 지식과 활용능력이 필요한 시기이다.

정부는 뉴딜21에 디지털신산업 육성에 박차를 가하려고 하고 있다. 전 세계적으로 치열한 디지털기술 개발과 인재양성은 향후 가장 중요한 과제가 될 것으로 보인다. 인공지능과 메타버스, 4차산업 등 창의력이 요구되는 디지털 일자리의 창출과 청년인재들의 육성으로 고용창출이 되어야 한다. 메타버스를 구현하는 가상융합기술, 인공지능, 블록체인 등 기술개발이외에도 보안부문도 함께 성장해야 한다. 개인정보인증기술, 네트워크 보안, 디지털 자산 보안등이 더욱 중요해질 전망이다. 메타버스와 nft에 대한 내용으로 함께 집필해준 윤성임 강사, 카페인마케팅의 이수안 대표, 서원대학교 최태선 교수, 맘스캠프 김선영 대표님께 감사드린다. 이 책이 나오기까지 긴시간동안 함께 힘써주시고 어려운 시기에 함께 해주신 데 대해 무한한 감사를 드리고, 특히 출판에 힘써주신 출판사 대표님과 관계자분들께도 깊은 감사를 드린다.

2022년 04월

대표저자 이 종 선

공저자 소개

이종선
- 소상공인마케팅연수원 대표
- 건양사이버대학교 IT비즈니스학과 겸임교수
- 평생교육사, 직업능력개발훈련교사
- 모바일쇼핑호스트, 1인미디어강사, 메타버스강사

공공기관, 기업체, 교육기관, 농수축산업 및 소상공인들을 대상으로 라이브커머스, 인터넷쇼핑몰창업(스마트스토어), 1인미디어제작자 및 유튜버, SNS마케팅(페이스북, 인스타그램, 블로그), 소상공인을 대상으로 강의와 컨설팅을 하고 있다.

이메일 : somainkr@naver.com
블로그 : https://blog.naver.com/metatutor
유튜브 : 소상공인TV 채널운영자

윤성임
- 소셜앤비즈 대표
- 한국메타버스연구원 지도교수 및 수석연구원
- (사)농어촌산업유통진흥원 부회장
- (사)케이에스콘컨설팅지원단 전문 컨설턴트

농어업축산인, 중소상공인, 소상공인, 시니어, 중장년 등을 대상으로 일차리센터, 농업기술센터 능 다양안 긍기관, 기넙, 난체에서 메타버스/NFT, 온라인(SNS)마케팅, 창직 및 창업 등 ICT기술 발전 트렌드를 선도하는 디지털 역량 강화 강의 및 컨설팅을 하고 있나.

이메일 : aceyun88@naver.com
블로그 : https://blog.naver.com/aceyun88
메타버스 제페토 : https://user.zepeto.me/aceyun88

이수안
- ㈜카페인마케팅 대표
- ㈜위드라이브 CMO

중소기업, 기업진흥원, 소상공인진흥공단 등 기관과 기업을
대상으로 메타버스, SNS마케팅, 디지털 마케팅 역량강화
컨설팅 및 사업을 수행하고 있다.

이메일 : cafe3737@naver.com
블로그 : https:https://blog.naver.com/cafe3737

최태선
- 서원대학교 휴머니티 교양 대학교수
- 한국 메타버스 연구원 수석연구원
- 메타버스 SNS 유튜버 강사

디지털 마케팅, 메타버스 강의를 하고 있다.

이메일 : cts95@naver.com
메타버스 제페토 : https://user.zepeto.me/cts95
SNS : https:www.facebook.com/tasun.choi / http://instagram.com/choikyosu

---

김선영
- ㈜옳음 대표
- ㈜043협동조합 대표
- 맘스캠프 대표

각종지역행사, 소상공인, 여성기업 고시 공고를 통해 제
품홍보, 판로개척, 기업체험단 서포터즈를 운영하면서
sns 홍보마케팅을 하고 있다. 특히 문화소외지역 및 소외
계층을 위해 문화행사를 재능기부하고 있으며, 여성지원
사업과 농촌체험마을 컨설팅을 하고 있다.

이메일 : fgundal@naver.com

Contents

Section 1. 메타버스 이해 및 사례

Section 2. 제페토(ZEPETO)

Section 3. 새로운 세상 속으로 ifland

Section 4. 게더타운(Gather town)

Section 5. 젭(ZEP)

Section 6. 오비스(oVice)

Section 7. 기타 메타버스 플랫폼 안내

1 마인크래프트

2 포트나이트

3 구글의 스타라인

4 엔비디아 엔터프라이즈

Section 8. NFT와 사례

Section 1

메타버스
이해 및 사례

1. 메타버스 이해
2. 주요 메타버스 플랫폼 종류

메타버스 이해 및 사례

1 메타버스 이해

메타버스는 '가상', '초월' 등을 뜻하는 '메타'(Meta)와 우주를 뜻하는 '유니버스' (Universe)의 합성어로, 시간과 공간을 초월하여 현실 세계와 같은 사회·경제·문화 활동이 이뤄지는 3차원의 가상세계를 가리킨다.

[그림1] 메타버스의 의미

또한 메타버스는 게임 산업에서 출발해서 정치, 경제, 사회, 문화의 전반적 측면으로 확장되며 현실과 가상 모두 공존할 수 있는 게임형·생활형 가상세계라는 의미로 폭넓게 사용되고 있다.

메타버스와 아바타란 용어는 미국 SF작가 '닐 스티븐슨(Neal Stephenson)'의 1992년작 '스노 크래시(Snow Crash)' 소설을 처음으로 대중에게 소개되었다.

[그림2] 닐 스티븐슨의 소설 '스노우 크래시'(출처 : 네이버)

'스노 크래시' 소설 속 등장인물들은 '아바타'라는 가상의 신체를 빌려야만 가상 세계인 '메타버스'로 들어갈 수 있다. 미국인 흑인 아버지와 한국인 어머니 사이에서 태어난 주인공은 현실에선 마피아에게 빚진 돈을 갚아야 하는 초고속 피자 배달부 신세이지만, 메타버스에서는 뛰어난 검객이자 해커다. 주인공은 메타버스 안에서 확산되는 신종 마약 '스노 크래시'가 아바타뿐만 아니라 실제 메타버스 접속자의 뇌에도 치명적인 영향을 미친다는 위험성을 알게 되고, 그 확산을 막기 위해 거대한 배후 조직과 싸우며 난관을 헤쳐 나가는 스토리이다.

'스노 크래시'를 읽고 영감을 얻은 린든랩 창업자 필립 로즈데일은 가상현실 플랫폼 '세컨드 라이프'를 2003년 출시해 세계적으로 히트했으며, 구글 창립자인 세르게이 브린은 세계 최초의 영상 지도 서비스인 '구글 어스'를 개발하였다. 메타버스 개념을 쉽게 이해할 수 있는 대표적인 사례는 2018년 스티븐 스필버그 감독의 영화 '레디 플레이어원'이며, 동명의 SF 소설을 원작으로 한 이 영화에는 2045년을 배경으로 '오아시스'라는 매력적인 가상세계가 나온다. '레디 플레이어원' 이외에도 '매트릭스', '아바타' 등의 영화도 메타버스 가상세계를 이해하는데 도움이 되는 영화이다.

[그림3] 메타버스 관련 영화 (출처 : 네이버)

1) 메타버스의 전망

2004년에 설립된 세계 최대 소셜미디어 페이스북의 최고경영자(CEO) 마크 저커버그(Mark Zuckerberg)는 2021년 10월말 연례 개발자 행사에서 사명을 '메타'(Meta)로 변경한다고 선언하고, 무한대를 뜻하는 수학 기호(∞) 모양의 새로운 회사 로고를 공개했다. 마크 저커버그 CEO는 이날 "(시간이 지나면서) 데크스톱에서 웹과 전화로, 텍스트에서 사진과 영상으로 (흐름이) 옮겨 갔지만, 이것이 끝이 아니다"면서 "우리는 메타버스가 모바일 인터넷을 잇는 대세가 될 것으로 믿고 있으며, 우리 회사가 메타버스 회사로 인식되기를 바란다"고 말했다. 또한 향후 메타버스 시장성에 대해 확신하며 페이스북에서는 이미 다양한 메타버스 관련 소프트웨어 개발을 추진 중이며, 가상현실용 헤드셋을 활용해 더욱 확장성이 있는 비즈니스가 가능하다고 설명했다. 메타버스 조직 신설, 오큘러스, 퀘스트2 개발, 가상현실, SNS, 호라이즌 서비스를 제공하는 등 메타버스 세상은 더 빠르고 다채롭게 우리에게 다가올 것이다.

[그림4] 페이스북 CEO와 메타 (출처 : 연합뉴스)

그래픽스 처리장치(GPU)와 AI 컴퓨팅 분야의 세계적인 선도기업인 엔비디아(NVIDIA)의 최고경영자(CEO) 젠슨 황은 "메타버스 시대가 오고 있다"고 말했고, 에픽게임즈 CEO 팀 스위니는 "메타버스는 인터넷(Web)의 다음 버전"이라고 강력한 의미를 부여하기도 했다.

다른 산업으로 확장이 가능하다는 점이 부각되면서 글로벌 굴지 기업도 메타버스 시대에 대비하고 있다. MS가 선보인 혼합현실 플랫폼 '메시(Mesh)', 엔비디아가 출시한 3D협업 플랫폼인 '엔비디아 옴니버스(NVIDIA Omniverse)' 등이 대표적이다. 페이스북은 2020년 VR 게임 기업인 비트게임즈를 인수한 데 이어 2021년 2월 산자루게임즈, 4월 말 다운푸어 인터렉티브를 연이어 인수하며 VR·게임 플랫폼을 기반으로 메타버스 시장까지의 공략을 시사했다.

다음 세대의 인터넷 또는 앱 3.0이 메타버스가 될 것이다. 메타버스는 초고속·초연결·초저지연의 5G 상용화의 ICT기술 발전과 2020년 전 세계를 강타한 코로나19 팬데믹 상황에서 비대면·온라인 추세가 확산되면서 더욱 주목받고 있다. 코로나19로 인한 비대면 위기를 가상현실(VR)과 증강현실(AR) 등의 ICT 기술의 날개를 달고 비상을 시작한 비즈니스가 바로 메타버스다.

메타버스 플랫폼들은 팬데믹 속에서도 게임은 물론 우리 삶과 직결된 교육, 의료, 예술, 정치, 경제, 국방, 엔터테인먼트 등 여러 분야에서 그 기능과 가치를 인정받으며 약진을 계속하고 있다. 제2의 인터넷이라 불리는 메타버스 가상세계의 확장 가능성은 현실과 가상의 경계가 없이 두 세계가 연결되고 소통하며 공존하는 일상으로 확장되는 무한한 비즈니스 모델 그 자체이다.

특히 메타버스는 교육과 엔터테인먼트 산업에 적용되면서 그 진가가 발휘되고 있다. 교사와 학생, 학생 간 수업 그리고 예술가, 뮤지션과 팬 그리고 팬들 간 소통하고 공감하는 과정에서 메타버스 기술은 그 이전 오프라인이나 온라인에서 경험하던 것보다 더 효율적이고 몰입감 넘치는 경험을 제공한다.

그 과정에서 새로운 비즈니스 혁신의 기회가 만들어지고 이를 위한 관련 솔루션도 필요하고 이 모든 것이 비즈니스의 기회가 된다. 이제껏 경험할 수 없었던 새로운 개념의 서비스가 탄생되고, 새로운 비즈니스 모델과 기회가 만들어질 것이다.

메타버스는 교육·금융·제조·서비스 등 대부분의 다른 산업과 융합하면서 빠르고 크게 발전할 것으로 전망된다. 앞으로는 메타버스 교육, 메타버스 금융, 메타버스 제조, 메타버스 서비스 등이 빠르게 확산될 것으로 예상된다. 그러므로 메타버스는 하나의 산업으로 볼것이 아니라 메타버스 경제로 보아야한다. 또한 메타버스는 경제뿐만 아니라 사회와 문화 등에 큰 변화를 가져올 것으로 전망되므로 '메타버스 혁명'이라고 해도 지나친 표현이 아니다.

이제 우리 기업들은 메타버스라는 블루오션에 관심을 갖고, 어떤 비즈니스 모델로 메타 버스에 올라탈지를 고민해야 한다. 또한 개인들도 메타버스를 이해하고, 현명하게 활용하는 관심과 지혜가 필요한 때다.

2) 메타버스의 유형 4가지

2007년 비영리 기술 연구 단체인 미국미래학협회(ASF, Acceleration Studies Foundation)에서 메타버스 로드맵이라는 보고서를 통해 메타버스 4가지 유형을 제시했다. 놀라운 사실은 이미 미국에서는 2007년도에 메타버스 로드맵을 발표했다는 사실이며 또한 개인이 독자적으로 발표한 것이 아닌 회의와 설문조사를 통해 전문가뿐만 아니라 대중의 의견을 수렴했다는 사실이다.

[그림5] 메타버스 4가지 유형

미국미래학협회(ASF)에서는 메타버스의 유형을 설명하기 위해 두 가지 축을 제시했다. 즉 이용자 중심의 관계적 측면인 '내부(Intimate)'와 '외부(External)'의 X축과 테크놀로지와 현실과의 관계적 측면인 '증강(Augmentation)'과 '시뮬레이션(Simulation)'의 Y축으로 구분했다. 또한 메타버스 유형을 증강현실, 라이프로깅, 가상세계, 거울세계 네가지 유형으로 구분지어 설명하고 있다.

(1) 증강현실(Augmented Reality)

증강현실은 현실공간에 2D 또는 3D로 표현한 가상의 겹쳐 보이는 물체를 통해 상호작용하는 환경을 의미한다. 사용자가 카메라로 현재는 유적만 남은 흔적을 촬영하면 디지털로 구축된 과거의 건물이 사용자 단말기에 중첩해 보이는 장면이 증강현실 일례이다. 또한 부동산(Property)과 디지털 기술(Technology)의 융합을 일컫는 '프롭테크(Proptech)' 산업에서도 활용되고 있다.

(2) 라이프로깅(Lifelogging)

일상기록 또는 라이프로깅(Lifelogging)은 사물과 사람에 대한 일상적인 경험과 정보를 캡처하고 저장하고 묘사하는 기술이다. 사용자는 일상생활에서 일어나는 모든 순간을 텍스트, 영상, 사운드 등으로 캡처하고 그 내용을 서버에 저장하여 이를 정리하고, 다른 사용자들과 공유가 가능하다. 대표적인 예로 소셜네트워크서비스(Sicial Network Seivice, SNS)이다.

(3) 가상세계((Virtual Worlds)

현실과 유사하거나 혹은 완전히 다른 대안적 세계를 디지털 데이터로 구축한 것이다. 가상 세계에서 사용자들은 아바타를 통해 현실세계의 경제적, 사회적인 활동과 유사한 활동을 한다는 특징이 있다. 가상세계는 우리에게 가장 친숙한 형태의 메타버스로서, 리니지와 같은 온라인 롤플레잉게임에서부터 린든 랩에서 개발된 세컨드 라이프와 같은 생활형 가상세계에 이르기까지 3차원 컴퓨터그래픽환경에서 구현되는 커뮤니티를 총칭하는 개념이다.

(4) 거울세계(Mirror Worlds)

거울세계는 실제 세계를 가능한 한 사실적으로, 있는 그대로 반영하되 '정보적으로 확장된' 가상세계를 말한다. 대표적인 예로 구글에서 만든 3D 지도 서비스인 구글 어스(Google Earth)를 들 수 있다. 구글 어스는 세계 전역의 위성사진을 모조리 수집하여 일정 주기로 사진을 업데이트하면서 시시각각 변화하는 현실세계의 모습을 그대로 반영하고 있다. 또한 2020년 11월에 출시된 부동산거래 플랫폼인 '어스2'가 있다. 어스2는 지구 전역을 블록화해서 가상 부동산을 구매할 수 있는 서비스를 제공하고 있다.

[그림6] 부동산거래 플랫폼 어스2 (출처: 구글 검색)

3) 메타버스 세상에서의 새로운 직업

소셜네트워크서비스(Social Network Service, SNS)의 발전으로 SNS마케팅 관련 다양한 산업을 물론 블로그는 파워 블로거, 인스타그램은 인플루언서, 유튜브는 유튜버 등 다양한 1인 기업 등의 등장을 보았듯 기술의 발전은 새로운 산업과 직업을 창출하게 된다.

제2의 인터넷이라고 하는 새로운 디지털 가상 세계인 메타버스도 신산업과 신직업이 등장하고 있다. 현실 세계와 비슷한 메타버스에서는 무엇이든지 가능한 가상 세계이므로 사회, 경제, 문화 등 모든 분야에서 기업은 물론 개인에게도 새롭고 다양한 비즈니스 모델과 직업이 등장하게 될 것이라 예측되고 있다. 다음은 대표적인 메타버스 직업에 대해 간략히 알아보자.

(1) 메타버스 크리에이터(아바타 패션 디자이너)

네이비 블로그니 기페 등에 텍스트, 사진, 영상을 예쁘게 구성하여 게시글로 업로드할 수 있는 에디터(편집기)가 있는 것처럼 메타버스 플랫폼에도 아바타 아이템은 물론이고, 가상 세계를 구성하고 게임까지 만들어 판매할 수 있는 에디터 기능이 있다.

제페토에는 가상세계를 만드는 제페토 빌드잇과 아바타용 의상을 만드는 제페토 스튜디오가 고, 로블록스에는 실행되는 게임을 만드는 로블록스 스튜디오, 게더타운에는 맵을 제작할 수 있는 맵 메이커 등 각 메타버스 플랫폼마다 크리에이터가 될 수 있는 에디터 기능을 제공한다.

이러한 에디터를 이용하여 코딩을 몰라도 누구나 도전할 수 있는 '메타버스 크리에이터'라는 새로운 직업은 메타버스 세상에서 활동하는 현실 세계의 또다른 나인 아바타가 입을 의상과 악세사리, 게임, 월드(맵) 등을 제작하는 직업으로 가장 주목받는 직업이다.

특히, 아바타는 메타버스 세상에서 또 다른 나를 표현하는 중요한 수단이다. 이러한 아바타의 개성을 잘 드러나게 하는 의류를 디자인하고 판매하는 직업이 바로 '아바타 패션 디자이너'라고 한다.

실제로 '제페토'와 '동물의 숲' 등의 메타버스 플랫폼에서 구찌, 발렌티노 등 유명 패션 브랜드들이 아바타 아이템으로 판매되고 있다. 또한 제페토에서는 제페토 스튜디오를 활용하여 아바타 아이템을 제작 판매하는 크리에이터가 약 70만명 정도 활동하고 있으며, 누적 아이템 개수 약 200만 개, 크리에이터 판매 아이템 개수 약 2,500만개에 이른다.

'제페토 크리에이터' 또는 '아바타 패션 디자이너'의 대표적인 사례인 '렌지'(26세)는 아바타 의상 판매로 월평균 1,500만원의 매출을 올리고 2020년 12월부터 2021년 6월까지 7개월간 매출 1억 원을 달성했다고 한다.

  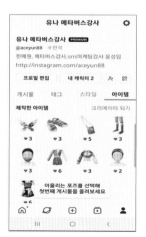

[그림7] 제페토 크리에이터 렌지/유나

(2) 메타버스 건축가(월드 빌더)

코로나 19로 인해 입학식, 대학 축제, 채용 박람회, 컨퍼런스, 신입사원 교육, 각 지방 자치 단체 행사, 선거 유세 등 다양한 행사는 거의 다 메타버스에 열리고 있다고 해도 과언이 아니다. 이런 다양한 메타버스 행사도 오프라인 행사처럼 사회, 식순, 공간 배치 등 메타버스 공간을 설계하고 행사 진행을 해야 한다. 이런 일을 전문으로 하는 이들을 '월드 빌더', '메타버스 빌더', '메타 버스 건축가'라고 한다.

제페토 빌드잇을 이용한 제페토 월드. 게더타운 맵 메이커를 이용하여 특정 행사를 위한 메타버스 공간을 만들어 주는 직업이다.

나아가 경제적인 월드(맵) 제작 비용을 고려한 월드(맵) 임대 및 행사 대행 산업으로 확장되기도 한다.

[그림8] 한국메타버스연구원, 부천시 맵 제작 사례

(3) 아바타 드라마PD

'아바타 드라마PD'는 근래 인기를 끈 인터넷 소설가, 웹툰 작가같은 메타버스 시대의 작가라고 할 수 있다. 주로 제페토에서 여러 포즈 템플릿 기능과 사용자의 표정까지 인식하는 아바타의 다양한 표정을 활용해서 이야기를 구성하고 영상으로 제작한 드라마를 기획하고 유튜브등 에 연재하는 직업이다. 드라마 한편을 10분 내외로 제작되는데, 유튜브 등에서 인기있는 콘텐츠로 급부상하고 있다.

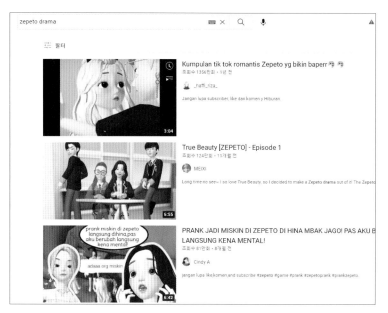

[그림9] 제페토 드마라 (출처 : 유튜브 캡처)

위와 같이 몇가지 메타버스 새로운 직업에 대해 알아보았다. 위 직업 외에도 메타버스 세상에서는 메타버스 행사 기획자, 메타버스 마케터, 메타버스 사이버 보안가 등 현실 세계와 같은 가상 세계에서 점차적으로 메타버스 생태계가 안정화됨에 따라 더욱 다양한 직업이 탄생할 것으로 예상된다.

4) 메타버스 활용 사례

아래 그림은 소셜분석 플랫폼인 썸트렌드(https://some.co.kr/)에서의 메타버스 연관 키워드(2021.11.01.~2022.01.31.)와 서비스디자인 개념 및 사례, 방법론 등을 공유하는 유저블USABLEZ(http:/www.usable.co.kr)에서 2021년 4~12월 메타버스 관련 행사 주제 및 발표 제목에 사용된 2천 개의 키워드로 만든 메타버스 워드 클라우드입니다.

[그림10] 메타버스 관련 워드 클라우드

위 그림에서 언급된 메타버스 관련 키워드를 살펴보면 디지털, 플랫폼, 비즈니스, 산업, 블록체인, 가상, 콘텐츠 등 정치, 행정, 국방, 기업, 마케팅, 공연, 행사, 건설,교육, 경제 등 모든 분야에서 메타버스는 활용되고 있다.

(1) 기업 분야

① 네이버 신입사원 입사교육 제페토 '그린 팩토리' 방문으로 체험

② 이프랜드 SK텔레콤 채용 설명회, 롯데건설 홍보서포터즈 발대식

③ LG이노텍 채용설명회, LG전자 소프트웨어 전문가 교육과정 수료식

④ 직방, 오프라인 출근 전면 폐지, 게더타운 가상 오피스 출근

⑤ 롯데홈쇼핑 '핑거쇼핑' 서비스 시작

[그림11] 롯데홈쇼핑, 핑거쇼핑

(2) 공연 분야
① BTS(방탄소년단), '다이너마이트' 신곡발표를 '포트나이트'에서 발표
② 블랙핑크, 제페토에서 팬 사인회

(3) 교육 분야
순천향대학교, 건국대학교, 고려대학교 등 대학의 입학식, 입시 설명회, 축제, 동아리, 메타버스 캠퍼스 구축 등 대학가에서 활발한 활용

(4) 부동산(건설) 분야
① 메타버스 기반 가상 부동산 대표적인 해외 플랫폼 : 어스2, 디센트럴랜드, 샌드박스
② 직방, '메타폴리스'라는 가상 공간 자체 개발
③ 기타 메타버스를 기반으로 한 가상 부동산 국내 플랫폼 : 트윈코리아, 메타버스2, 세컨서울

(5) 지역 콘텐츠 연계된 메타버스 구축
① 부산시 용두산 공원 메타버스공간 조성
② 전주시 한옥마을 가상공간 구현
③ 강원도 미래 고학 포럼을 통해 지역콘텐츠와 메타버스 연계 방안 모색
④ 대구, 광주, 제구 3개 지역 특화된 메타버스 서비스 개발 협약
⑤ 정부 산하기관 국제협력단 국미 서포터드 '위코'를 제페토에서 뽑아 발대식 개최
⑥ 춘천 커피도시 페스타 메타버스 공간

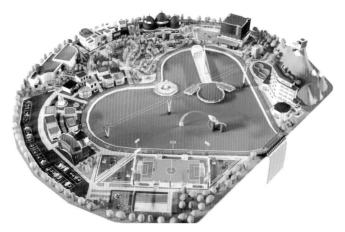
[그림12] 춘천 커피도시 페스타 메타버스 공간

5) 한국메타버스연구원의 메타버스 교육 사례

과학기술정보통신부 인가 사단법인 4차 산업혁명 연구원 산하 한국메타버스연구원(KIOM), 최재용 원장)은 2021년 8월에 개원한 이래 다양한 공공기관 및 단체를 대상으로 메타버스 생태계를 확산시키기 위한 교육을 활발히 진행하고 있다. 또한 스파르타 방식의 메타버스 전문 강사 양성을 위한 교육 아카데미를 진행하고 있으며, 메타버스 관련 연구활동은 물론 기업과 정부기관을 대상으로 자문 활동, 맵(월드) 제작 및 메타버스 행사 진행을 지원하고 있다.

한국메타버스연구원에서 진행한 교육 사례를 살펴보자.

① 한국메타버스연구원, '제6회 메타버스 강사 경진대회' 시상식 및 수료식

지난 14일(금)~15일(토), 한국메타버스연구원의 '제6회 메타버스 강사 경진대회'가 개최되었다. 한국메타버스연구원의 메타버스 강사 양성과정은 매월 초 개강하여 15일간 주요 메타버스 플랫폼에 대한 집중 교육 후 강사경진대회를 거쳐 메타버스 전문강사 인증서를 수여한다.

[그림13] 한국메타버스연구원, 메타버스강사 경진대회 및 수료식

② 영주시, 한국메타버스연구원 최재용 원장 초청 '메타버스 지방행정 활용' 특강 마련

지난 2월 25일 25일, 한국메타버스연구원 최재용 원장은 메타버스 시대 속에서 지자체들의 메타버스 행정활용을 돕고자 강의 순례에 나섰다.

이번 특강을 통해 최재용 원장은 지난 김해시와 순천시의 메타버스 지방행정 사례에 대해 분석을 통해 메타버스 수도 경상북도 영주시가 어떻게 메타버스 중심 도시가 될 수 있는지에 대해 강연했다. 또한 최재용 원장은 지방행정에서 이프랜드의 활용, 제페토를 활용한 영주의 다양하고 우수한 특산물과 훌륭한 관광자원의 홍보 전략에 대해서도 강의했다.

[그림14] 한국메타버스연구원, 영주시 메타버스 지방행정 활용 교육

③ 한국메타버스연구원, 가천대학교 평생교육원과 '세상을 바꾸는 메타버스 일반 교육과정' 마련

오는 3월 7일(월)부터 6월 20일(월)까지 가천대학교 평생교육원과 한국메타버스연구원(원장 최재용)에서는 '세상을 바꾸는 메타버스 일반 교육과정'을 진행하게 된다.

수업 내용은 메타버스 이해(메타버스의 이해 및 윤리, 메타버서의 블로그 활용법, 주요 플랫폼 소개), 제페토(미리캔버스 활용, 제페토 아이템 꾸미기 실습, 제페토 빌드잇 실습), 유튜브(유튜브 기본입문, 유튜브 심화), 게더타운(게더타운 기본 익히기, 게더타운 맵 제작 실습), NFT(NFT 개념과 이해, NFT 디지털 소유권 및 민팅 실습), 과정정리(P2E 사례 소개, 게더타운 우수사례 소개 및 맵 제작 완성, 졸업작품 발표회 및 수료식)이다.

[그림15] 가천대학교 평생교육원과 '세상을 바꾸는 메타버스 일반 교육과정'

④ 한국메타버스연구원, 김해시 초청 '지역 청년창업의 새로운 기회, 메타버스'서 기조 강연

지난 27일 한국메타버스연구원(원장 최재용)은 김해시와 김해의 생명산업진흥원(이사장 허성곤)이 주관한 행사에 초청 돼 기조강연을 펼쳤다. 행사는 김해시와 김해의생명산업진흥원에서 운영 중인 김해창업카페에서 열렸으며 '지역 청년창업의 새로운 기회, 메타버스'란 주제로 진행됐으며 메타버스 활용 청년창업활성화를 위한 업무협약식, 특강(메타버스 개념 이해), 발표(필플랜드 메타버스 구축계획), 메타버스 VR 체험 순으로 이어졌다.

[그림16] 김해시 초청 '지역 청년창업의 새로운 기회, 메타버스' 기조 강연

⑤ 한국메타버스연구원, 경일대학교 교수 대상 메타버스 교수법 특강 열어

한국메타버스연구원(KIOM, 원장 최재용)은 경일대학교(총장 정현태) 교수들을 상대로 '메타버스 활용과 실습' 강의를 진행하였다. 비대면 줌으로 진행된 이번 교육은 한국메타버스연구원 최재용 원장을 비롯해 연구원 10명이 보조강사로 참여했다. 그 덕분에 경일대학교 교수 50명을 밀착 지도하기도 하며 실습 위주의 소수정예 맞춤형 교육을 진행할 수 있었다.

[그림17] 경일대학교 교수 대상 메타버스 교수법 특강

② 주요 메타버스 플랫폼 종류

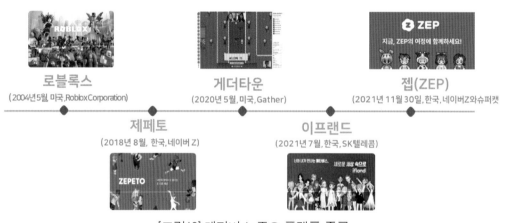

로블록스
(2004년 5월, 미국, Roblox Corporation)

게더타운
(2020년 5월, 미국, Gather)

젭(ZEP)
(2021년 11월 30일, 한국, 네이버Z와슈퍼캣

제페토
(2018년 8월, 한국, 네이버 Z)

이프랜드
(2021년 7월, 한국, SK텔레콤)

[그림18] 메타버스 주요 플랫폼 종류

2022년초 현재 국내에서 활용되고 있는 메타버스의 주요 플랫폼으로는 로블록스, 이프랜드(ifland), 제페토(ZEPETO), 게더타운(Gather town) 등이 활용되고 있고 오비스(oVice)와 젭(ZEP) 등 새로운 플랫폼들이 출시되고 있다.

특히 젭(ZEP)은 2021년 11월 30일 베타버전으로 출시한지 100여일만인 지난 2022년 3월 16일 베타 서비스를 종료하고 정식 서비스에 돌입하였고, 한국형 게더타운이라 불리며 큰 인기를 얻고 있다.

로블록스와 게더타운은 해외 플랫폼이고, 네이버Z의 제페토, SK의 이프랜드, 네이버Z 와수퍼캣의 젭(ZEP)는 국내 플랫폼이다.

게임 플랫폼인 로블록스를 제외한 제페토, 이프랜드, 게더타운, 젭(ZEP) 메타버스 플랫폼 들은 공통적으로 코로나19로 인해 오프라인에서 실시하던 강의, 회의, 행사 등을 온라인에서 진행하는 플랫폼으로 활용되고 있다.

아래 [표1]은 회의 및 행사용으로 활용되는 4가지 플랫폼에 대한 간략한 비교 내용이다.

구 분	제페토	게더타운	이프랜드	젭(ZEP)
출시 시기, 국가	2018년 8월, 한국	2020년 5월, 미국	2021년 7월, 한국	2021년 11월 30일, 한국
인원제한(무료)	16명/25명 다양	25명	130명	인원 무제한
유료	인원 무제한	500명	인원 무제한	인원 무제한
콘텐츠 공유	제한	무제한	pdf, 이미지, 동영상	무제한
소통방식	채팅, 대화	채팅, 대화, 비디오, 화면공유	채팅, 대화	채팅, 대화, 비디오, 화면공유
공간제작	월드 제작 가능	맵 제작 가능	랜드 제작 불가능	
공간 제작 편집기	빌드잇(PC), 3D	맵 메이커(PC), 2D		맵 메이커(PC), 2D

[표1] 메타버스 주요 플랫폼 정리

각 플랫폼을 무료서비스로 이용할 경우 게더타운 25명까지, 제페토 16명까지, 이프랜드 130명까지 인원 제한이 있는 방면, 젭(ZEP)은 인원 제한없이 사용할 수 있다.

이프랜드는 기제공되는 랜드 템플릿을 그대로 활용하여 1회성 행사로만 진행하는 방면, 게더타운, 제페토, 젭(ZEP)은 템플릿을 활용하여 손쉽게 공간(맵)을 제작하거나 자체적으로 각 행사에 특화된 월드(맵)를 제작하여 다양한 행사에 재활용 및 임대 할 수도 있다. 게더타운과 제페토는 각 행사에 특화된 공간(맵)을 제작하여 다양한 행사에 다시 활용 가능하다.

위 [표1]에서 언급한 주요 플랫폼별 정리 내용과 다음의 각 플랫폼의 소개를 참고하여 진행할 회의나 행사에 적합한 플랫폼을 선택하여 최적화된 메타버스 회의 및 행사를 진행하기 바란다.

1) 제페토(ZEPETO)

네이버Z가 운영 중인 제페토(ZEPETO)는 '3D기반 증강현실 아바타 서비스 플랫폼'으로 국내 대표적인 메타버스 플랫폼이다.

2022년 3월 4일자, 네이버제트의 발표에 따르면 제페토 글로벌 누적 가입자 수 3억명은 2020년 2월 2억명을 돌파한 데 이어 약 2년만에 달성한 기록이다. 제페토는 2018년 8월 출시 이후 한국·중국·일본·미국 등 전 세계 200여개 국가에서 서비스 중이다. 현재 글로벌 월간 활성 이용자 수(MAU)는 2000만명, 해외 이용자 비중이 약 95%다. 아이템 누적 판매량은 23억 개다.

제페토 플랫폼 회사의 이름 역시 '제트'인 것처럼 제페토는 디지털 시대에 태어난 Z세대(1990년대 중반~2000년대 초반 출생)를 공략하고 있으며, 'Z세대의 놀이터'로 불리며 성장하고 있다. 3억의 사용자를 확보한 제페토는 이용자 중 80%가 10대이며, 이 중에서도 해외이용자가 95%를 차지하고 있고, 그중에서도 중국인 이용자가 70%를 차지한다.

제페토는 Z세대가 역할 놀이에 관심이 많다는 점에 착안해 아바타를 통해 다양한 제페토 스튜디오, 빌드잇, 월드, 아바타 꾸미기 등 사용자 스스로 만들어가면서 체험을 할 수 있도록 열린 환경을 제공하고 있어 젊은 층으로부터 더 많은 인기를 끌고 있다.

제페토의 콘텐츠 제작 플랫폼인 '제페토 스튜디오'는 2020년 4월 오픈했다. 이용자가 직접 아바타 의상, 3D(3차원) 월드 등을 제작할 수 있는데 가입한 크리에이터 수만 전 세계 약 200만명이다. 크리에이터들은 현재까지 410만개의 아이템을 제출했고, 크리에이터 제작 아이템 판매량은 6,800만개다. 소통·협업·창작 등을 즐기는 글로벌 Z세대에게 큰 인기를 끌고 있다.

제페토의 활용 사례는 제페토 앱에 공개된 인기 공식 월드에서 쉽게 찾아 볼 수 있다. CGV, 한강공원, 배라 팩토리(베스킨 라빈스), 갤럭시 하우스, 현대백화점 면세점, 롯데 월드, 글로벌 뷰티 기업(크리스찬 디올, 구찌 빌라(Gucci Villa), 랄프 로렌) 등 유명 브랜드들이 제페토 월드에서 고객과의 소통을 기다리고 있다. 또한 하이브·JYP·YG 등 엔터테인먼트 기업과의 제휴로 다양한 글로벌 IP(지적재산)를 즐길 수 있는 공간으로 자리매김 중이다.

[그림19] 제페토 활용 사례(출처 : 제페토 인기 공식 월드 캡처)

또한 2022년 2월 17일자 뉴시스 뉴스에 의하면 GS25와 메타버스 크리에이터 '렌지'가 메타버스 플랫폼 전용 아이템 출시하여 판매할 예정이라고 한다.

[그림20] 제페토 활용 사례(출처 : 뉴시스 뉴스)

2) 게더타운(gather town)

게더타운은 코로나19로 인한 비대면의 회의 등의 솔루션으로 많이 활용되었던 줌(zoom)의 몰입도가 떨어지고 학습능률이 저하되는 단점을 극복하는 대안으로 등장하면서 비대면에서도 즐겁게 활용할 수 있는 메타버스 플랫폼으로 자리를 잡았다.

게더타운은 2020년 5월에 미국 스타트 업 '게더 (Gather)'가 창립한 회사로 클라우드 기반의 2D 영상채팅 서비스다. 마치 오프라인에서 만나는 것처럼 나의 캐릭터를 사용해 가상 공간에서 직접 대화도 주고받을 수 있어 양방향 소통이 가능하고, 함께 회의도 할 수 있고, 자료도 공유할 수 있으며, 가까이 있는 사람끼리 비밀 대화도 가능한 온라인 화상회의 플랫폼과 메타버스 요소가 함께 결합된 '활농형 온라인 메타버스 플랫폼'이다.

게더타운은 모바일보다는 PC에서 사용해야 보다 많은 기능을 제한 없이 사용할 수 있으며, '크롬' 브라우저에서 접속하는 것을 권장한다. 또한 사용 목적에 맞게 누구든지 맵 제작이 가능하며 운영자의 설계에 따라 참여자들이 소그룹모임이나 단체 활동들을 할 수 있다.

게더타운의 이와 같은 장점으로 인해 여러 공공기간, 기업, 지자체, 학교, 단체 등에서 게더타운 맵 제작을 의뢰하기도 하고 제작 비용에 대한 부담을 줄이고자 임대하기도 하여 회의, 컨퍼런스, 행사용으로 많이 활용하고 있다.

게더타운은 입시 설명회, 신입생 교육, 온라인 채용설명회 등 업무나 비대면 교육, 각종 행사나 이벤트, 세미나 등에 많이 활용하고 있다. 게더타운을 활용한 대표적인 사례는 다음과 같다.

① LG디스플레이와 LG화학은 신입사원 교육
② 삼성화재는 신입사원 수료식, LG CNS는 신입사원 설명회
③ 관세청 관세인재개발원, 신규 채용자 입교식 개최

3) 이프랜드(ifland)

이프랜드는 SK텔레콤이 기존 메타버스 플랫폼 '점프 버추얼 밋업(Jump Virtual Meetup)'을 운영해온 노하우를 바탕으로, 사용 편의성을 높이고, MZ 세대의 니즈에 맞춘 서비스 기능을 대폭 강화하여 새로운 메타버스 플랫폼인 '이프랜드'를 출시했다.

이프랜드는 메타버스가 가진 초현실적인 개념을 직관적이고 감성적인 이미지로 표현한 브랜드이며, '누구든 되고 싶고, 하고 싶고, 만나고 싶고, 가고 싶은 수많은 가능성(if)들이 현실이 되는 공간(land)'이라는 의미를 담고 있다.

이프랜드는 누구나 쉽고 간편하게 메타버스 세상을 즐길 수 있는 '초실감 메타버스 플랫폼'이며, 18개 테마의 가상공간, 800여 종의 코스튬(아바타 외형, 의상 등), 66종의 감정 모션을 모두 무료로 사용할 수 있다.

또한 이프랜드 메타버스 룸에서는 회의, 발표, 미팅 등을 진행할 수 있도록 원하는 자료를 문서(PDF) 및 영상(MP4) 등 다양한 방식으로 공유하는 효율적인 커뮤니케이션 환경이 구축되어 있다. 대학축제, 포럼, 강연, 페스티벌, 콘서트, 팬 미팅 등 대형 이벤트, 참여형 프로그램 등 이용자 니즈에 맞춘 다양한 콘텐츠를 제공하고 지속적으로 확대하고 있다.

이프랜드의 대표적인 활용 사례는 다음과 같다.

① 순천향대학교는 2021년 3월 대운동장을 메타버스 맵으로 구현해 세계 최초 버추얼 입학식을 진행하였고, 5~6월에는 'SCH 메타버스 입시설명회'를 진행하였다.

② 고려대학교와 순천향대학교는 2022년 2월 28일 메타버스 캠퍼스를 개교함과 동시에 입학식을 거행하였다.

③ 국내 최초 메타버스 공간 '페르소나 플래닛' 아바타 기업 갤럭시 코퍼레이션이 2021년 10월 20~21 양일간, SK텔레콤과 손을 잡고 메타버스 플랫폼 '이프랜드'에서 누리호 성공기원 행사를 진행했다.

④ 성균관대학교는 세계 각국의 학생들이 메타버스에서 만나 한국어 실력을 겨루는 '제1회 세계 성균한글백일장'을 2021년 8월 11일 개최하였다.

[그림21] 순천향대학교 메타버스 입학식(출처 : 네이버 뉴스)

4) 젭(ZEP)

젭(ZEP)은 제페토를 개발한 네이버Z와 '바람의 나라:연'을 개발한 게임 개발사인 수퍼캣이 2021년 11월 30일 베타버전으로 출시한 메타버스 플랫폼이다. 100여 일만인 지난 2022년 3월 16일 베타 서비스를 종료하고 정식 서비스에 돌입하였다.

젭(ZEP)은 게더타운과 여러 기능들이 유사하여 한국형 게더타운이라 불리며 큰 인기를 얻고 있다.

또한 젭(ZEP)은 도트 그래픽으로 완성된 공간과 쉽게 조작할 수 있는 캐릭터들로 메타버스에 대한 접근성을 높였으며, 웹 기반으로 작동해 빠르고 간단하게 접속할 수 있는 것은 물론, 최대 5만 명까지 같은 공간에 접속이 가능하여 이용자들로부터 각광받고 있다.

특히 에셋 스토어 기능을 추가하여 젭 사용자들이 스페이스와 오브젝트를 무료/유료로 구매하여 맵을 더욱 풍성하게 구성할 수 있게 하였다. 네이버 웨일 스페이스를 연동하여 교육 분야 사용성을 증대시키는 한편, 최근 ZEP 어플리케이션을 출시해 메타버스 접근성과 활용도도 끌어올렸다.

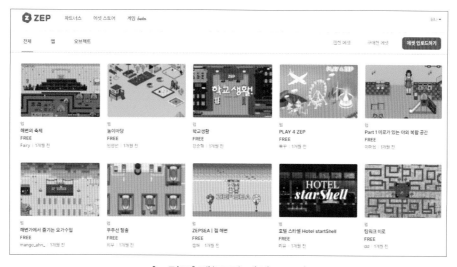

[그림22] 젭(ZEP) 에셋스토어

한국형 메타버스 플랫폼인 젭(ZEP)을 활용한 사례로는 전남도립대의 2022년 입학식, 광주여자대학교 개교 30주년 기념식, 교보문고 라이브 미팅, CJ온스타일 브루클린웍스의 캠핑 페어, 이화여대 멘토링 데이, 더블유게임즈 채용박람회 등 다양한 행사가 진행되었다.

위와 같이 주요 메타버스 플랫폼 제페토, 게더타운, 이프랜드, 젭(ZEP)에 대해 간략히 살펴보았다.

다음 장에서는 주요 메타버스 플랫폼을 실제 활용할 수 있도록 각 플랫폼별 주요 기능에 대한 자세한 실전 내용을 이어가고자 한다.

〈참고자료 및 출처〉

위키백과, 네이버 지식백과, 네이버 뉴스, 불교공뉴스, SK텔레콤 뉴스룸, 세상을 바꾸는 메타버스, 세상의 중심 메타버스

Section 2

제페토(ZEPETO)

제페토(ZEPETO)

[그림1] 제페토

대표적인 메타버스 플랫폼인 제페토는 네이버Z에서 2018년 8월 출시한 증강현실(AR) 3D 아바타로 즐기는 소셜네트워크서비스(SNS)형 메타버스 플랫폼으로 카메라 보정앱인 네이버 스노우의 자신의 얼굴을 인식해 AR이모지로 만들어주는 기능에서 파생된 서비스이기도 하다.

2022년 3월 4일자, 한국뿐 아니라 중국, 일본, 미국 등 전 세계 약 200여개국에서 서비스 중이며 이용자 수가 3억명(해외 이용자수가 95%를 차지)에 달하며 '아시아 로블록스'로 불리는 아시아 최대 메타버스 플랫폼이다.

네이버Z 김대욱 대표는 '제페토 할아버지처럼 자신을 닮은 아바타를 창조하고 생기를 불어넣어 온라인상에서 살아 숨 쉬는 또 다른 나를 만들어낸다는 상상 속의 일을 누구나 경험하도록 만들겠다는 취지'로 피노키오를 만든 제페토 할아버지 이름에서 제페토란 서비스명을 따왔다고 한다.

제페토에서는 제페토 사용자가 방문해보고 싶은 한국관광지 1위인 한강공원 등 유명한 핫플레이스에서 인증샷을 찍고, BTS의 뮤직비디오 현장을 둘러보거나 블랙핑크의 블랙핑크의 버추얼 팬 사인회에 참여할 수도 있다. 또한 크리에이터가 되어 옷 등의 아이템을 디자인하고, 직접 사고팔 수 있으며, 샤넬이나 구찌의 명품 아이템을 쇼핑할 수도 있다.

제페토 가상 세계에서는 기업 홍보 및 브랜딩, 마케팅, 제품 판매는 물론 누구나 현실세계의 '나'가 아닌 가상 세계에서의 '또 다른 나'인 3D 아바타를 내가 꿈꾸던 모습으로 멋지게 꾸미고, 친구를 사귈 수도 있고, 다양하고 멋진 월드와 게임 공간에서 맘껏 소셜 라이프로깅 삶을 즐길 수 있다. 더 나아가 제페토 스튜디오를 통해 다양한 아이템과 월드를 제작하여 판매까지 할 수 있어 크리에이터로서의 수익 창출까지 가능한 제페토의 기능들을 살펴보고 새로운 창직과 창업의 기회를 잡아보자.

1 제페토 시작하기

1) 제페토 설치 및 회원 가입하기
스마트폰의 종류에 따라 구글 플레이스토어(안드로이드폰)나 앱스토어(ios폰)에서 제페토 앱을 검색해 스마트폰에 설치한다.

[그림2] 제페토 설치

제페토 앱을 설치 후 열기 → 약관 동의 → 캐릭터 선택 후 다음 → 캐릭터 이름 입력 후 다음 → 생년월일 입력 후 다음 → 카카오톡/구글/전화번호 등 편리한 방법으로 회원가입하면 제페토에 로그인된다. 카카오톡이나 구글로 회원 가입하면 편리하다.

[그림3] 제페토 회원 가입하기

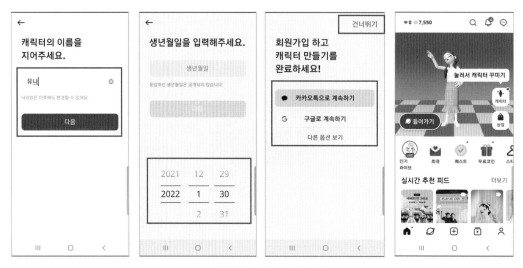

[그림4] 제페토 회원가입

아래 그림은 제페토 메인화면에 대한 간단한 메뉴 설명이다. 제페토는 대표적인 소셜네트워크서비스(SNS)중 하나인 인스타그램과 아주 흡사한 기능들을 가지고 있어 소셜네트워크서비스형 메타버스 플랫폼이라고 하기도 한다.

[그림5]의 메인화면에서 ①홈을 살펴보면 인기라이브 ~ 튜토리얼, 실시간 추천 피드, 친구, 친구와 함께 플레이, 찰칵 부스로 표현해보기, 지금 주목해야 할 아이템 등 제페토 사용자들과 함께 참여하고 인증샷찍고, 피드에 올리며 소통하는 메타버스 세상을 경험할 수 있도록 구성되어 있음을 알 수 있다.

나의 캐릭터를 멋지게 꾸미기 위해 아이템을 구매하려면 젬과 코인이 필요하다. 젬과 코인을 무료로 얻기 위해서는 홈 화면의 '퀘스트', '무료코인' 영역에서 이벤트나 광고 등에 참여하며 무료 젬과 코인을 얻을 수 있다. 필자는 제페토를 충분히 활용하실 분들은 매월 70젬, 프리미엄 아이템 지급, 아이템/월드 우선 심사를 받을 수 있는 혜택이 있는 프로미엄(월 4,900원) 회원으로 가입하는 것도 추천한다.

특히, ①홈에 있는 ④실시간 추천피드, ②친구와 함께 플레이, ③찰칵~부스로 표현해보기는 하단의 메뉴 중 각각 동일한 번호의 기능과 흡사한 기능이며, 제페토 게시물을 제작하여 업로드하는데 유용한 템플릿으로 활용할 수 있으니 많이 사용해보시길 적극 권장한다.

여러 플랫폼을 함께 다루고 있는 이 책에서는 지면상 필수적으로 직접 작업을 해야 하는 제페토 주요 기능에 대해서만 설명하고자 한다. 그러므로 메인 화면의 여러 메뉴를 적극적으로 터치하여 다양한 제페토 서비스를 경험하며 메타버스 세상에서 실현하고 싶은 본인의 목표와 아바타의 세계관을 찾아 제페토를 활용하기 바란다.

[그림5] 제페토 메인 화면

2) 캐릭터 꾸미기

제페토 메타버스 플랫폼에 탑승하려면 제일 먼저 '현실 세계의 나'의 부 캐릭터인 제페토 세상에서의 나의 캐릭터를 꾸며보자.

[그림6]의 ① ~ ④번을 터치하여 헤어, 얼굴, 입술, 의상, 소품 등 다양한 아이템을 선택하여 새롭고 멋진 나의 캐릭터로 꾸며보자. ④방 꾸미기는 방 곳곳에 표시된 (+)모양을 터치하면 동그란 모양으로 변하고 하단의 아이템을 선택하여 방을 꾸밀 수 있다. 캐릭터를 꾸미는 작업 중 ⑤되돌리기/다시 하기/아이템 전체 해제를 할 수도 있고, 유료 아이템은 결재를 해야할 수도 있다. 멋진 나의 캐릭터가 완성되면 ⑥저장을 터치하면 된다.

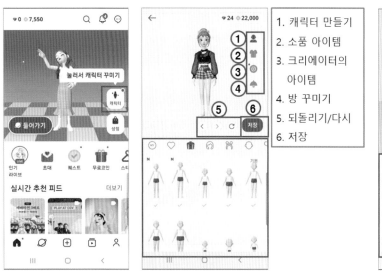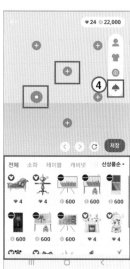

[그림6] 캐릭터 꾸미기

3) 내 프로필 및 QR코드

하난의 프로필(사람보양)을 터치하여 프로필 편집, 캐릭터 추가, 친구추가, QR코드, 게시물, 설정(톱니바퀴모양)을 할 수 있다.

① 프로필 편집 : 이름과 아이디는 기억하기 쉽고 브랜딩이 될 수 있는 단어로 설정하는 것을 권장한다. 아이디는 영문과 숫자 조합(한글 불가)으로 4 ~ 20글자로 입력하되, 30일마다 한번씩 변경할 수 있다.

② QR코드 : 내 QR코드를 저장, 공유, URL 복사, 스캔할 수 있다. 이미지를 터치하면 포즈와 배경색이 변경된다. 내 QR코드를 저장하거나 공유하여 전단지, SNS 등을 통해 브랜딩이나 마케팅에 활용할 수도 있다.

[그림7] 내 프로필 및 QR코드

4) 게시물 올리기 및 수정/삭제

(1) 게시물 올리기

제페토 게시물 올리기는 인스타그램의 게시물 올리는 것과 유사하다. 제페토 사용자들의 시선을 끌고 흥미를 유발하는 게시물을 자주 올리고 소통하며 많은 팔로워를 확보하면 유튜버, 인스타그래머, 파워 블로거처럼 메타버스 인플루언서가 되는 것이다.

[그림8]처럼 하단의 게시물 올리기(+모양)를 터치하여 ①업로드 ②카메라 ③템플릿 및 포즈 등의 다양한 기능을 이용하여 멋지고 특별한 이미지나 영상을 만들어 게시물로 올려보자.

① 업로드 : 스마트폰에 저장된 이미지나 동영상을 업로드하는 경우

② 카메라 : 액션/룸/일반/AR 등의 형식으로 즉석에서 사진과 영상을 촬영하여 업로드하는 경우

③ 템플릿 및 포즈 : 제페토에서 제공하는 템플릿과 포즈의 형식을 따라 사진이나 영상을 만들어 업로드하는 경우로 인스타그램의 릴스 리믹스하기와 유사한 기능이다.

위 3가지 방법 중 [그림8]은 ③템플릿 및 포즈를 따라 게세물을 업로드하는 경우에 해당하는 설명이다. 다양한 포즈 중 맘에 드는 포즈를 선택하고, 해당 포즈를 취하는 아바타의 영상을 촬영하여 자르기, 필터 등 영상을 편집한 후 해시태그 등을 추가한 내용을 입력한 후 게시물로 등록하는 과정의 설명이다.

[그림8] 게시물 올리기

(2) 게시물 수정/삭제

하단의 프로필(사람모양)을 터치하면 모든 게시물을 한눈에 볼 수 있다. 게시물을 터치하여 좋아요, 댓글, 공유를 할 수 있고, 점 3개를 터치하면 게시물을 삭제, 태그 삭제, 숨기기, 수정, 공유를 할 수 있다.

[그림9] 게시물 수정/삭제

5) 피드에서 소통하고 팔로우 늘리기

[그림10]은 피드에서 소통하고 팔로우 늘리는 과정에 대한 설명이다.

하단의 피드(영상모양)를 터치하여 ②좋아요, ③댓글, ④공유(링크 복사, SNS 등 다른 앱에 공유) 등을 하여 소통을 한다.

①프로필을 터치하여 상대방 프로필을 보고 친구를 맺고 싶으면 팔로우를 터치한다. 또한 메시지를 보낼 수 있고, 프로필을 공유(링크 복사)할 수 있고, 포토 부스 같이 찍기도 할 수 있다. 포토 부스 같이 찍기를 하면 아바타끼리 다양한 포즈의 사진을 같이 찍고 게시물로 올릴 수 있어 오프라인에서 만나 사진을 함께 찍는 친근함에 팔로우 늘리기가 아주 수월해진다.

게시물이 포즈나 월드에서 찍어 올린 게시물이라면 ⑤사용하기 기능이 생겨서 동일한 월드나 포즈를 이용해서 게시물을 만들어 올리기 쉬워진다. 특히 추천, 인기 게시물의 경우 ⑤사용하기를 따라 해본다면 진행 중인 챌린지, 이벤트, 또는 트렌드 등에 동참하여 팔로우 늘리는 절호의 기회가 될 수 있다.

[그림10] 피드에서 소통하고 팔로우 늘리기

제페토는 인스타그램처럼 게시물을 올리고 피드에서 팔로잉, 추천, 인기 게시물을 보고 좋아요, 댓글, 공유, 팔로우를 늘릴 수 있는 기능 등 인스타그램과 아주 유사하기 때문에 인스타그램 같은 소셜네트워크서비스형 메타버스 플랫폼이라고 한다. 유튜버, 인스타그래머, 파워 블로거처럼 메타버스 인플루언서가 되고 싶나면 제페토 사용자들과 많은 반응과 공감을 얻을 수 있는 콘텐츠를 지속적으로 올려라. 또한 다른 사용자의 게시물에 좋아요, 댓글, 공감 등으로 소통을 활발히 하고, 먼저 선팔(먼저 팔로잉 하는 것), 맞팔(나를 팔로잉해주면 나도 바로 너를 팔로잉한다) 하여 팔로우를 늘리는 작업을 집중적으로 해야 한다. 인스타그램 등의 SNS 친구 늘리는 방법과 동일하게 생각하면 된다.

② 월드 탐험 및 만들기

1) 월드 탐험하기

제페토에서는 아바타가 활동하는 가상의 공간을 '월드'라고 한다. 하단의 월드(행성모양)를 터치하면 제페토에서 제공하여 공개한 월드와 크리에이터가 제작하여 공개한 월드 중 맘에 드는 월드를 탐험할 수 있다. 다양한 제페토 월드를 적극적으로 탐험하여 제페토가 만들어가는 메타버스 세상에 빨리 적응하고 선점하도록 하자.

[그림11]은 인기 공식 월드 중 한강공원 월드를 탐험하기 위한 입장하는 과정이다. 인기 공식 월드를 살펴보면 CGV, 베라 팩토리(베스킨라빈슨 아이스크림), 롯데월드, Gucci Villa 등 유명한 브랜드의 월드를 찾아볼 수 있다. 앞으로 더욱 다양한 업종의 기업들이 제페토 사용자들과 소통하며 기업 홍보 및 브랜딩은 물론 궁극적으로 제품이나 서비스를 판매하는 메타버스 쇼핑몰을 제페토 월드에 오픈할 것이다.

[그림11] 월드 탐험하기

2) 월드 주요 기능 알기

제페토를 설치 후 월드에 첫 입장하면 [그림12]와 [그림13]처럼 월드에서 사용할 기능을 안내해준다. 월드에 입장하면 월드에 있는 모든 기능을 사용해보고 기능이 숙달되어야 월드를 즐길 수 있다. 특히 빨간색 네모로 표시해놓은 기능은 반드시 숙지해야 한다.

[그림12] 월드 입장시 기능 안내 1

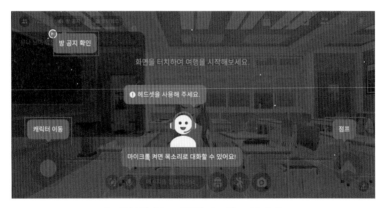

[그림13] 월드 입장시 기능 안내 2

[그림14]처럼 월드에 입장하여 좌우 앞뒤 확대/축소 등 다양한 각도의 뷰로 월드를 보고자 할 때는 월드를 터치하여 드래그하거나 두 손가락을 오므렸다 폈다하면 된다.

캐릭터가 장애물을 뛰어넘어 나갈 때는 점프 버튼과 이동 버튼을 동시에 터치해야 한다. 점프 버튼만 터치하면 제자리 점프밖에 안되기 때문이다.

제스쳐의 다양한 바디 랭귀지(인사, 댄스, 긍정, 부정, 포즈 등)는 월드에서 참여자들과 즐거운 소통을 하게 해준다. 카메라 촬영은 월드를 탐험하는 캐릭터의 활동을 사진과 영상으로 인증하는 기능이다. 현실세계의 핫플레이스에서 사진이나 영상을 찍는 것과 동일한 개념이다.

[그림14] 월드의 주요 기능

3) 월드(방) 만들기

[그림15] 하단의 월드(행성모양)를 터치한 후 상단의 [+방 만들기] 터치하여 제목(최대 30자)을 입력하고, 다양한 월드 유형 중 하나를 선택하여 [만들기]를 터치하면 월드가 만들어지며 월드에 입장하게 된다. 만든 월드에 친구들을 초대하여 3D 가상 세계인 제페토 월드를 신나게 탐험해보자.

제페토 하나의 방에는 최대 16명까지 동시 참여할 수 있다. (캠핑, 한강공원, 가든 웨딩(낮/밤), 교실 : 최대 25명까지 입장 가능) 월드를 직접 돌아다니지 않고 사용자들을 구경하며 채팅할 수 있는 모드인 '관전 모드'를 이용하면 방 참여 인원 외에, 최대 60명까지 관전이 가능하다.

[그림15] 월드(방) 만들기

---

❸ 제페토 크리에이터 되기

1) 아이템 제작 및 심사 제출하기

(1) 아이템 제작하기

제페토 사용자는 누구나 제페토에서 상의, 외투, 신발, 액세서리 등을 제작하여 판매하는 크리에이터가 될 수 있다. 제페토에서 제공하는 아이템의 템플릿(견본)을 다운로드한 후 템플릿에 색상이나 패턴 등으로 디자인을 입힌 후 다시 업로드하는 방식으로 쉽게 아이템을 제작하여 판매할 수가 있다.

대표적인 1세대 제페토 크리에이터는 '렌지'이다. 렌지는 다른 크리에이터들과 함께 캐릭터 옷을 제작하는 '매니지민드 O'를 운영하고 있다, 2021년 9월 현재 렌지와 함께 하는 크리에이터만 15명, 월 순수익은 1억 원에 이른다고 한다.

[그림16] 제페토 크리에이터 렌지 (출처 : 이투데이, 2021.10.05.)

우리도 제페토 크리에이터에 도전해보자. PC버전의 '제페토 스튜디오' 기능도 있으나 우리는 스마트폰에서 제페토 앱에 있는 [크리에이터 되기] 기능을 활용하여 어디서나 언제나 쉽고 빠르게 아이템을 제작해보자.

■ 제페토 프로필 생성하기

최초 한번은 먼저 제페토 크리에이터가 되기 위해서는 제페토 프로필을 생성해야 한다.

①하단의 프로필(사람모양) → ②상단의 설정(톱니바퀴모양) → ③크리에이터되기를 터치 → ④이름, 국가, 개인/사업자 선택, 이메일, 전화번호 인증, 제페토 스튜디오 약관 동의 체크를 한 후 → ⑤'프로필 생성' 버튼을 터치하면 제페토 프로필이 생성된다.

[그림17] 제페토 프로필 생성

제페토 프로필을 생성 후 제페토 크리에이터 되는 순서는 다음과 같다.

■ 제페토 크리에이터 되기 작업 순서 (스마트폰 버전)

스마트폰에서 제페토 크리에이터 되는 전 과정은 [그림18], [그림19], [그림20]에서 설명한 순서대로 하면 된다.

①하단의 프로필(사람모양) → ②상단의 설정(톱니바퀴모양) → ③크리에이터되기 → ④만들고 싶은 아이템 선택 → ⑤편집 → ⑥아이템 템플릿을 다운로드 → ⑦업로드 ⑧스마트폰 갤러리에서 디자인을 입혀 저장한 이미지를 선택한 후 → ⑨다음 → ⑩저장 → ⑪판매하려면 [제출하기]를 터치하면 된다. 심사 제출하기 전 내가 제작한 아이템을 내 아바타가 입어보는 [미리보기]에서 다양한 제스쳐(착용샷, 1~9)를 통해 아이템의 완성도를 체크하신 후 제출할 것을 권장한다.

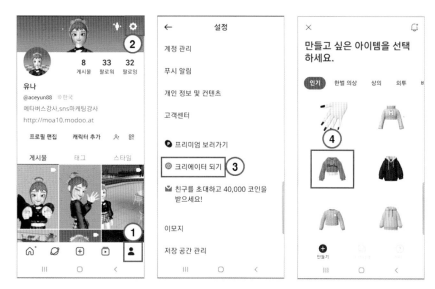

[그림18] 제페토 크리에이터 되기 1

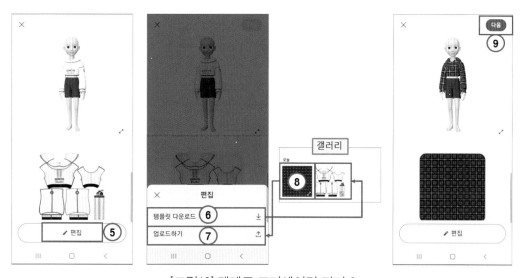

[그림19] 제페토 크리에이터 되기 2

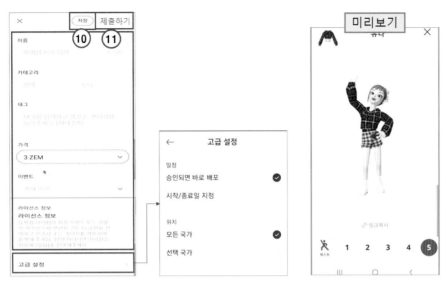

[그림20] 제페토 크리에이터 되기 3

위와 같이 스마트폰으로 제페토 크리에이터가 되는 전 과정을 요약 설명하였다. 다음의 참고사항을 잘 숙지하기 바란다.

※참고1※ [그림19]의 ⑤[편집]기능은 제페토 아이템을 제작하는 플랫폼인 제페토 스튜디오가 제공하는 '템플릿 에디터' 서비스이며, 만들고 싶은 아이템의 템플릿에 맞게 디자인된 2D 이미지를 업로드하면 누구나 3D 아이템을 창작할 수 있는 도구이다. 업로드 이미지의 해상도는 512 x 512px이고, png이미지 형식이어야 한다.

※참고2※ [그림19]의 ⑥[템플릿 다운로드]한 후 ⑦[업로드]하기 위해 필요한 이미지는 다운로드한 아이템 템플릿에 'B612', '이비스 페인트 X' 등의 여러 이미지 편집 앱을 이용하여 색상이나 디자인을 입혀 해상도 512 x 512px 사이즈의 PNG화일을 제작하는 작업에 대한 상세 설명은 '2) 아이템 템플릿에 디자인 추가하기' 챕터에서 상세히 설명하고 있으니 참고하기 바란다.

(2) 아이템 심사 제출하기

위에서 살펴보았듯 아이템을 제작하여 심사 제출하는 과정은 그렇게 어렵지 않다. 그러나 아이템을 판매해서 수익을 창출하는 제페토 크리에이터가 되기 위한 아이템은 심사를 거쳐 승인이 되어야 하므로, 아이템과 아이템 썸네일에 대한 가이드라인에 적합하고, 내 아이템이 고객에게 매력적으로 보이도록 제작하여 심사 제출하여야 한다.

다음은 [그림20]의 아이템 심사 제출할 때의 가이드 라인이며 참고사항이다.

① 아이템으로 업로드할 이미지의 해상도는 512 x 512px 사이즈의 png형식어야 한다.
② 이름은 100자 ②태그는 최대 5개까지 ③가격 ④고급 설정 등을 적절히 작성하여 제출하여야 한다.
③ 이름, 태그는 제페토 사용자의 90%가 해외 사용자이므로 '영어'도 추가 작성하는 것이 해외 사용자에게 검색될 가능성이 높다.
④ 가격은 아이템마다 최소 가격이 정해져 있고, 평균 아이템 가격은 3~6젬이고, 1젬은 한화로 약 85.7원(약 86원)임을 고려하여 가격 책정을 하면 된다.
⑤ 심사 제출하기는 동시 심사 중인 경우 3건까지만 가능하다.
⑥ 심사 제출하기 전 내 아바타가 착용해보는 미리보기에서 다양한 제스쳐(착용샷)를 터치하여 아이템의 완성도를 체크한 후 제출하도록 한다.
⑦ 심사 기간은 주말, 휴일을 제외한 영업일 기준으로 최대 2주 정도가 소요된다.
⑧ 제페토 프리미엄 서비스에 가입하면 아이템/월드 우선 심사 대상으로 심사 기간을 단축할 수 있다.

다양한 프리미엄 혜택을
매달 받아보세요!

70젬 즉시 지급	**프리미엄** 아이템 지급	**아이템/월드** 우선심사

프리미엄 가입하기
₩4,900 / 월

*각 스토어 및 국가별 정책에 따라 가격이 상이할 수 있습니다.

[그림21] 제페토 프리미엄 서비스 혜택

2) 아이템 썸네일 가이드라인

[그림20]에서 아이템을 제출한다는 것은 아이템의 완성도를 심사받는 것으로, 심사를 통과해야지만 내 아이템을 판매할 수 있고 제페토 크리에이터가 될 수 있다.

또한 아이템 썸네일은 제페토 사용자들이 아이템을 구매하기 전 아이템에 대한 매력을 판단할 수 있는 대표 이미지이므로, 아이템 썸네일의 가이드라인도 준수하고 매력적으로 만들어야 심사도 통과하고 판매도 잘된다.

① 아이템 썸네일 권장사항 (이렇게 만드세요~)

- 해상도 144 x 144pt
- PNG 이미지 형식(아이템의 배경은 반드시 투명이어야 한다.)
- 1MB 한도 미만
- 1:1 정사각 가로세로 비율
- 144x144pt 사이즈로 최소한의 여백을 제외한 영역에 아이템 이미지를 배치한다.

[그림22] 아이템 썸네일 예시(출처 : 제페토 가이드라인)

- 자동 썸네일 그래픽 보완 작업: 자동 생성된 썸네일 이미지에서 그래픽적으로 부족한 부분이 있다면 수정 및 보완해야 한다.

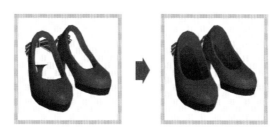

[그림23] 아이템 썸네일 보완 예시(출처 : 제페토 가이드라인)

② 거절될 수 있는 아이템 썸네일 (이렇게 만들면 안되요~)
- 썸네일이 144pt x 144pt 사이즈에 맞지 않을 경우
- 전체 사이즈 대비 아이템 이미지가 너무 작을 경우
- 아이템 이미지가 잘리도록 배치하여 아이템의 표현이 부족할 경우
  (예외: 긴 부츠 같은 신발은 윗 부분이 잘릴 수 있음)
- 아이템 이외에 다른 그래픽이 추가된 경우
- 아이템에 포함된 부가 요소를 섬네일에 표현하는 경우(ex: 이펙트 등)
- 판매 아이템과 관련 없는 아이템이 섬네일에 포함된 경우(ex: 캐릭터가 착용한 모자, 메이크업 등)
- 아이템의 배경이 투명이 아닐 경우

- 자동 생성된 썸네일 스타일에서 많이 벗어나는 경우
- 아이템과 무관한 내용을 표현하는 경우
- 아이템 이미지가 앞면이 아닐 경우(옆면 또는 뒷면 등)

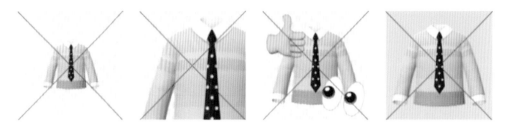

[그림24] 거절될 수 있는 아이템 썸네일 예시(출처 : 제페토 가이드라인)

3) 아이템 템플릿에 디자인 입히기

다음은 위의 1) 아이템 제작 및 심사 제출하기 챕터에서 언급한 [그림19]의 ⑥[템플릿 다운로드]한 후 ⑦[업로드]하기 위한 해상도 512 x 512px 크기의 png화일(다운로드한 템플릿에 디자인을 입힌 이미지)을 만드는 방법이다.

스마트폰에 '이비스 페인트 X' 앱을 설치한 후 아래 이미지에서 설명한 순서대로 작업하면 된다.

①나의 갤러리 → ②+버튼 → ③이미지 사이즈 512 x 512px 맞추고 사진가져오기 → ④갤러리에 있는 아이템 템플릿 선택하기 → ⑤OK → ⑥∨ → ⑦패딘 이미지 불러오기(사진 모양) → ⑧맘에 드는 패턴 선택 → ⑨∨ → ⑩,⑪png로 저장하기 하면 스마트폰 갤러리에 패턴 디자인의 512 x 512px png이미지가 저장된다. 이렇게 저장된 png화일을 [그림19]의 ⑦업로드하기 하면 스마트폰에서 아수 간단히 아이템 제작을 할 수 있게 된다.

[그림25] 아이템 템플릿 디자인 입히기 1

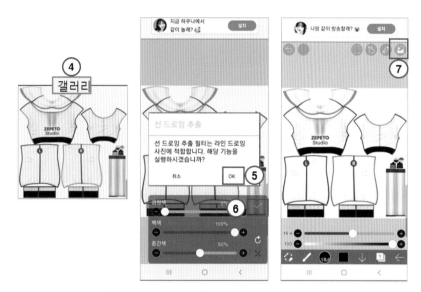

[그림26] 아이템 템플릿 디자인 입히기 2

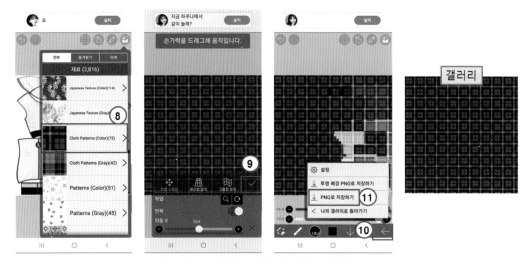

[그림27] 아이템 템플릿 디자인 입히기 3

위와 같이 스마트폰에서 '이비스 페인트 X' 앱을 이용하여 쉽고 간단히 아이템 템플릿에 디자인 입히는 작업을 해보았다.

여러분의 선택에 따라 '이비스 페인트 X' 앱 이외에도 스마트폰에서는 'B612', '스노우', PC에서는 '포토스케이프 X', '그림판' 등 다양한 무료 프로그램을 이용할 수도 있고 포토샵이나 일러스트 같은 유료 프로그램으로 아주 창의적이고 차별화되고 전문적인 수준으로 디자인 작업을 할 수도 있다.

4 제페토 수익금 출금하기

제페토에서는 다음 기능을 통해 수익을 창출할 수 있다.

1) 제페토 수익 유형 3가지

① 아이템 판매 수익 : 샵에 진열된 아이템 상품을 둘러보고 사용자가 구매할 수 있습니다.

② 월드 상품 판매 수익 : 스튜디오를 통해 만들어진 월드에서 이용하는 상품을 사용자가 구매할 수 있습니다.

③ 아바타 라이브 방송 선물(후원) : 시청자가 방송 중에 스트리머와 더 효과적으로 소통할 수 있는 ZEM 이펙트 아이템을 선물하면 수익이 발생합니다.

2) 수익금 출금

제페토 스튜디오(PC버전)의 지급 메뉴에서 내 콘텐츠 판매를 통해 발생한 수익금을 현금으로 출금 요청할 수 있다.

① 수익금 잔고가 최소 출금액 (5,000젬) 이상일 때만 출금 가능하다.

② 신청 기간 : 매월 25~30일 사이

③ 지급 날짜 : 출금 신청한 다다음 달 첫째 주

④ 수익 유형(아이템, 월드, 라이브 후원) 나눠서 수익금 출금은 불가하다.

3) 아이템 매출 통계 조회

제페토 스튜디오(PC버전)의 판매 메뉴에서 현재 내가 등록한 콘텐츠의 매출 통계를 확인할 수 있다. [그림28]같은 매출 통계 보고서를 통해 제페토 사용자들에게 반응이 좋은 콘텐츠를 파악하여 이후 콘텐츠 제작시 수익을 극대화할 수 있는 전략을 세울 수 있다.

[그림28] 아이템 매출 통계 조회 (출처 : 제페토 가이드라인)

5 제페토 빌드잇(build it)

1) 빌드잇 설치와 로그인하기

제페토 빌드잇은 제페토 맵을 쉽게 만들 수 있는 PC용 맵 에디터로 컴퓨터에 설치하는 프로그램이다. 빌드잇을 원활하게 구동하기 위한 컴퓨터 권장사항은 아래와 같다.

빌드잇 구동을 위한 컴퓨터 권장 환경
– 운영체제: Windows 10 또는 Mac OS Mojave 이상 – CPU: intel i5 이상 – 메모리: 8GB RAM 이상 – 그래픽: Geforce GTX 660 이상 – Direct X: 10 버전 이상 – 해상도: 1280x720 이상 – 여유 공간: 500MB 이상

사용하는 컴퓨터의 사양은 [컴퓨터 → 설정(톱니바퀴) → 시스템 정보]에서 확인할 수 있다.

(1) 제페토 빌드잇을 컴퓨터에 설치하는 순서는 다음과 같다.

① 네이버에서 제페토 빌드잇 을 검색하여 제페토 빌드잇 홈페이지로 이동한다.

② 홈페이지에서 본인의 컴퓨터 OS에 맞는 설치 프로그램을 다운로드한다. 애플사의 맥북을 사용하지 않으면 windows 용 설치 프로그램을 다운로드 하면 된다.

③ 컴퓨터에 다운로드된 설치프로그램을 마우스로 더블클릭하여 다음 → 설치 → 완료 단계에 따라 설치한다.

④ 설치가 완료되면 컴퓨터 바탕화면에 제페토 빌드잇 아이콘이 생성된다.

[그림29] 제페토 빌드잇 설치

(2) 컴퓨터에서 제페토 빌드잇에 로그인 하는 방법은 다음과 같다.

컴퓨터의 제페토 빌드잇에 로그인하는 계정과 스마트폰의 제페토 앱의 로그인 계정이 동일해야 한다. 아래 2가지 방법중 편리한 방법으로 빌드잇에 로그인하면 된다.

① 계정 로그인은 스마트폰 제페토 앱의 로그인과 동일한 계정과 비밀번호를 입력하거나 또는 페이스북, 카카오톡 등 소셜 로그인을 하면 된다.
② QR로그인은 'QR코드로 로그인'에 설명된 순서대로 하면 된다.
　– 스마트폰 제페토 앱의 [프로필(사람모양) → QR코드 → 스캔하기]를 터치한 후 컴퓨터의 제페토 빌드잇의 QR코드를 스캔한다.
　– 스캔 후 나타나는 'ZEPETO 서비스에 로그인 하시겠습니다?' 팝업창의 [로그인]을 터치하면 컴퓨터 제페토 빌드잇에 로그인된다.

[그림30] 제페토 빌드잇 로그인 방법

2) 빌드잇 시작하기

빌드잇에 로그인하면 다음과 같은 빌드잇 첫 화면이 열린다.

① 좌측 하단의 [가이드]를 터치하여 자세한 빌드잇 가이드라인을 숙지하기를 권
  장한다.
② [내가 만든 앱]을 터치하면 기존에 만든 맵을 수정, 삭제, 맵 이름 변경, 공개
  를 할 수 있다.
③ [새로 만들기]를 터치하여 새로운 맵을 제작할 수 있다.
  - [Plain]을 터치하여 맵을 만들면 맵 전체를 모두 내가 구성해야 한다.
  - 또는 제페토에서 이미 구성해놓은 목적에 맞는 맵 템플릿(Town, Hosuse,
  Cafe, School, City, Wedding)중 하나를 선택한 후 변경하여 나만의 맵으로
  제작할 수 있다.
  - 필자는 [Plain]을 선택하여 맵을 제작하는 빌드잇 기본 기능에 대해 설명하고
  자 한다.

[그림31] 빌드잇 시작 화면

3) 빌드잇 설정 및 주요 기능

다음은 맵을 수정하거나 새로 만들 때 나타나는 빌드잇 맵 제작 화면이다.

(1) 빌드잇 설정 및 단축키

먼저 빌드잇 설정을 살펴보자. [메뉴 → 설정]을 터치하여 언어는 한국어로 설정하고, 맵 제작시 사용하는 주요 단축키를 암기하는 것을 권장한다. 단축키 중 되돌리기(ctrl+z), 다시하기(ctrl+y), 오브젝트 선택(1), 이동(2), 회전(3), 크기(4), 정렬(6)은 상단 메뉴의 단축키이다.

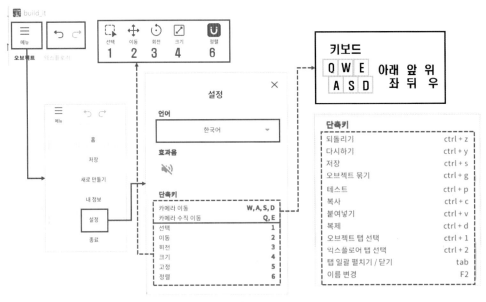

[그림32] 빌드잇 설정 및 단축키

(2) 빌드잇 주요 기능과 맵 제작 6단계

빌드잇은 [익스플로러]와 [오브젝트] 탭의 다양한 기능을 이용하여 맵 제작을 한다. [익스플로러]와 [오브젝트] 기능을 잘 숙지해야 맵을 자유자재로 만들 수 있다.

빌드잇 주요 기능과 맵 제작 단계를 쉽게 이해하고자 6단계로 다음과 같이 정리해보았다.

① [익스플로러]를 터치하여 맵의 땅, 하늘, 배경음악, 플레이어 설정 등을 구성한다. 익스플로러는 맵의 전체 구성 요소를 한 눈에 확인하고 관리할 수 있는 공간이다.

② [오브젝트]를 터치하여 다양한 오브젝트를 추가하여 목적에 맞는 맵을 꾸민다. 다양한 오브젝트 중 맵 제작시 필수적으로 추가해야 할 오브젝트 2종류 등 주요 오브젝트 종류에 대해서는 별도의 챕터에 구성하였으니 꼭 참고하기 바란다.

③ [테스트]를 터치하여 작업한 기능들이 잘 작동하는지 테스트한다. 나의 아바타가 등장하여 맵 탐험을 하면서 테스트 할 수 있다. 맵 탐험에서 빠져 나오려면 [ESC]키를 누른다.

④ [공개]를 터치하여 완성된 맵을 제페토 월드에 공개하여 월드 크리에이터가 될 수 있다.

⑤ [저장]를 터치하여 제작한 맵을 저장한다. 장시간 맵 작업시 여러 변수에 의해 작업한 맵이 유실될 가능성에 대비해 간헐적으로 저장하는 것을 권장한다.

⑥ [종료]를 터치하여 맵 제작을 종료할 때 빌드잇을 종료한다.

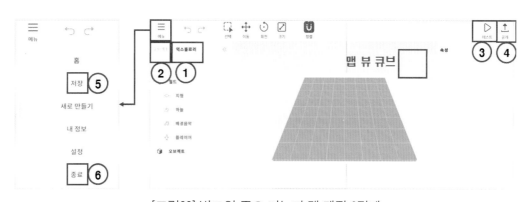

[그림33] 빌드잇 주요 기능과 맵 제작 6단계

(3) 빌드잇 맵 뷰 큐브 및 단축키

위의 [그림33]의 맵에서 [맵 뷰 큐브]를 이용하여 맵의 다양한 시점을 조절 할 수 있다. 맵의 시점을 조절하는 기능은 아래와 같이 키보드와 마우스로도 가능하다. 제페토 빌드잇으로 제작한 맵은 3D이므로 상하좌우 등 다양한 각도의 시점에서 보면서 맵을 제작해야하므로 연습을 통해 반드시 숙달해야 한다.

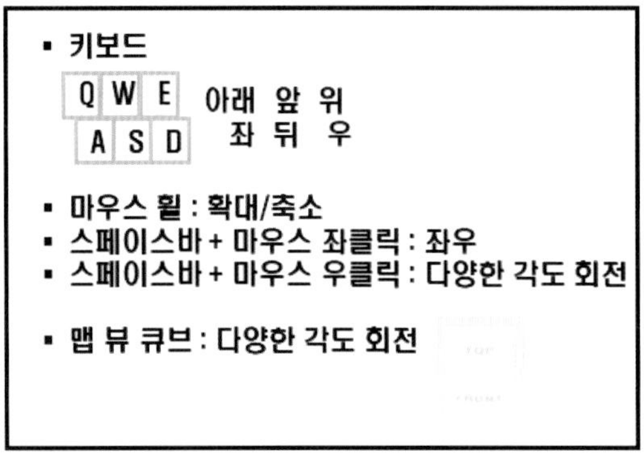

[그림34] 빌드잇 맵 뷰 큐브 및 단축키

4) 익스플로러

[익스플로러]는 맵의 전체 구성 요소를 한 눈에 확인하고 관리할 수 있는 공간으로 월드과 오브젝트 2가지로 구성되어 있다. 월드에서는 지형, 하늘, 배경음악, 플레이어 설정을 할 수 있고, 오브젝트에서는 맵에 추가된 오브젝트를 고정, 숨김처리, 삭제, 그룹화 등의 관리를 할 수 있다.

(1) 지형 설정하기

① [지형]을 터치하여 오른쪽 속성에서 풀, 도로, 바위 ~ 모래 등 다양한 지형을 선택하여 브 러쉬로 맵의 시형을 만들 수 있나. 맵의 지렁은 기본적으로 풀로 만들어져 있다.

② [브러쉬의 정렬]를 체크하면 지형을 반듯하게 만들 수 있고, 브러쉬 크기를 크게 하면 큰 브러쉬로 지형을 만들 수 있다.

③ 지형을 지울 때는 초기화를 선택하여 브러쉬로 지형을 지울 수 있다.

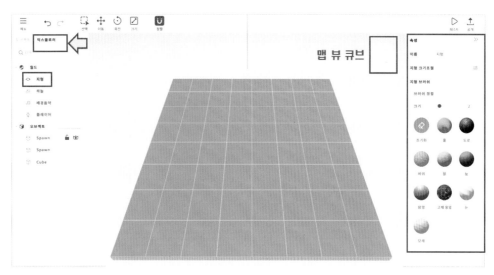

[그림35] 지형 설정하기

(2) 하늘 설정하기

[하늘]을 터치하여 하늘 색상을 노을이나 어두운 밤 등 다양하게 변경할 수 있다.

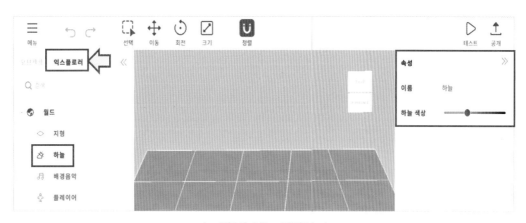

[그림36] 하늘 설정하기

(3) 배경음악 설정하기

[배경음악]을 터치하여 배경음악을 추가할 수 있다. 배경음악은 2종류이고, 소리
는 켜기/끄기만 되고 볼륨 조절은 안된다.

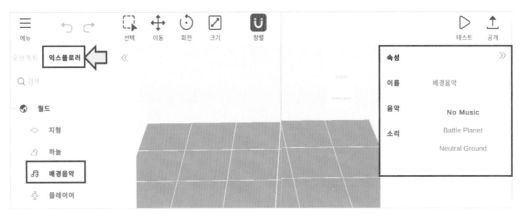

[그림37] 배경음악 설정하기

(4) 플레이어 설정하기

활동성이 많은 더 재미있는 맵을 위해 아바타의 속도, 점프 레벨을 설정할 수
있다.

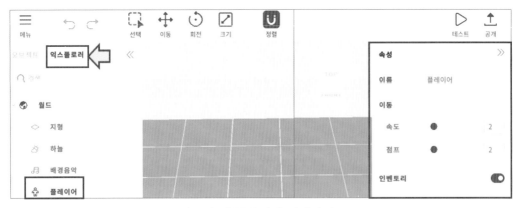

[그림38] 플레이어 설정하기

(5) 오브젝트 그룹화 및 관리하기

[익스플로러]의 오브젝트에서는 맵에 배치된 모든 오브젝트를 한눈에 파악하고 관리할 수 있다. 특히, 거의 모든 오브젝트가 배치된 맵 제작 완료단계에서는 [익스플로러]의 오브젝트에서 오브젝트를 관리하여 맵을 효율적이고 쉽게 완성할 수 있다.

맵에 배치된 오브젝트는 맵에서 직접 선택하거나 오브젝트 목록에서 쉽게 선택할 수 있다. 또한 맵에 배치된 오브젝트를 Ctrl키를 누른 채 터치하거나 마우스를 드래그하여 여러 오브젝트를 동시에 선택할 수 있다. 오브젝트 목록에서도 Ctrl키나 Shift키를 누른 채 오브젝트를 터치하여 여러 오브젝트를 동시에 선택할 수 있다.

다음은 오브젝트 관리하는 기능에 대해 정리해보자.

① 다음과 같은 2가지 방법으로 개별 오브젝트를 유형별, 목적별 그룹화하여 관리하면 맵 제작을 효율적이고 빠르게 할 수 있다.
  - 방법1. 맵에서는 Ctrl키를 누른 채 오브젝트를 터치하거나 마우스를 드래그하여 여러 개의 오브젝트를 선택한 후 마우스 우클릭하여 [오브젝트 묶기]를 터치하면 하나의 그룹으로 묶이고 오브젝트 목록에 그룹이 생성된다.
  - 방법2. 오브젝트 목록에서는 마우스 우클릭한 후 [빈오브젝트생성]을 터치하면 빈오브젝트(Empty Object)가 생성된다. 빈오브젝트를 마우스로 드래그하여 상위레벨로 올리고 빈오브젝트 하위레벨로 다른 오브젝트를 드래그하면 그룹으로 생성된다.
② 개별 오브젝트 이름, 새로 생긴 그룹 이름, 새로 만든 빈오브젝트 이름을 위치, 용도 등 의미있는 이름으로 변경하는 것도 명시적인 오브젝트 관리 방법이라 할 수 있다.
③ 개별/그룹 오브젝트를 선택하여 고정(자물쇠), 숨김(눈), 상단의 메뉴인 이동(2), 회전(3), 크기를 조절(4)하거나 좌측의 속성을 변경할 수 있다. 하단의 이미지에서 그룹화된 오브젝트를 선택하여 이동(2)을 하고자 할 때 여러 오브젝

트가 하나의 이동조절점이 생기는 예시처럼 그룹 오브젝트에 포함된 여러 오브젝트를 동시에 이동, 해제, 회전, 크기조절 할 수 있다.

④ 개별/그룹 오브젝트에 마우스 우클릭하면 복사, 복제, 삭제, 이름변경, 오브젝트 확대할 수 있다. 오브젝트 확대는 오브젝트를 확대하여 눈에 띄게 보여주므로 목록에 있는 오브젝트를 맵에서 쉽게 찾을 때 유용하다.

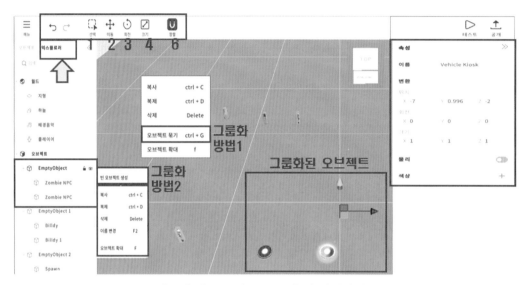

[그림39] 오브젝트 그룹화 및 관리하기

5) 오브젝트

[오브젝트]는 맵에 다양한 오브젝트를 추가하는 공간이다. 제작하고자 하는 맵의 용노에 맞는 오브섹트를 카테고리별, 테마별로 검색하여 맵에 직질히 배치하여 맵을 제작한다.

(1) 오브젝트 검색

오브젝트를 키워드로 검색할 때는 카테고리는 'All', 테마는 'All theme' 로 선택된 상태에서 검색해야 한다는 점과 오브젝트 이름(영문, 대소문자 구분은 안함, 한글은 안됨)의 앞자리가 정확하게 일치하는 오브젝트만 검색된다는 점을 꼭 숙지하여 검색이 안되는 실수를 하지 않기를 바란다. 예를 들어 ball로 검색하면 ball로 시작하는 오브젝트 이름을 가진 모든 오브젝트가 검색된다.

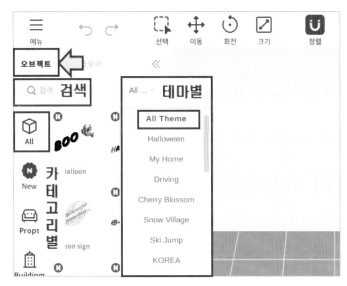

[그림40] 오브젝트 검색

(2) 오브젝트 추가 및 속성
① 오브젝트 추가

제페토의 3D맵 제작할 때는 다양한 각도에서 맵을 보면서 작업할 수 있어야하므로 앞서 언급한 맵 뷰 큐브 및 단축키 사용이 숙달되어야 함을 재차 강조한다.

맵에 오브젝트를 추가할 때는 아래 이미지 좌측의 오브젝트 패널에서 오브젝트를 터치하여 오브젝트를 추가할 위치에서 마우스를 좌클릭하거나 좌클릭 상태에서 드래그한다. 마우스를 좌클릭 상태에서 드래그하면 브러쉬로 그리듯 연속으로 오브젝트가 추가되므로 나무, 벽 등 동일한 오브젝트를 연속해서 추가할 때 편리하다.

오브젝트 추가하면 마우스 끝에 오브젝트가 붙어서 클릭할 때마다 계속 추가되므로 ESC키나 마우스 우클릭해야 오브젝트 추가를 종료할 수 있다.

다양한 오브젝트중 맵 제작시 필수적으로 추가해야 할 오브젝트 2종류는 다음과 같다.

• Spawn 오브젝트

Spawn은 아바타가 등장하는 위치를 표시하는 오브젝트이다. 여러 종류의 Spawn 오브젝트에서 맵에 어울리는 Spawn 오브젝트를 3~5개 정도 추가하는 것을 권장한다. Spawn 오브젝트가 없으면 맵 중앙에 아바타가 등장한다.

• Npc 오브젝트

Npc는 아바타와 동일한 크기의 캐릭터로 맵 제작시 오브젝트 크기를 조절할 때 아바타 크기와 상대적인 크기를 비교하기 위한 척도로 사용하기 좋다. 맵 제작시 필요없을 때는 삭제한다.

② 오브젝트 메뉴 기능 예시

필자는 상단의 오브젝트 메뉴 기능 예시를 간단히 보여주고자 큐브 오브젝트를 선택하여 추가해보았다. 아래 이미지를 참고하여 상단의 오브젝트 메뉴 기능에 대해 알아보자.

• 오브젝트 선택(1)

맵에 배치된 오브젝트를 선택하여 좌측의 속성(위치, 회전, 크기, 물리, 색상)을 변경하여 맵 용도에 적절한 오브젝트로 변경할 수 있다.

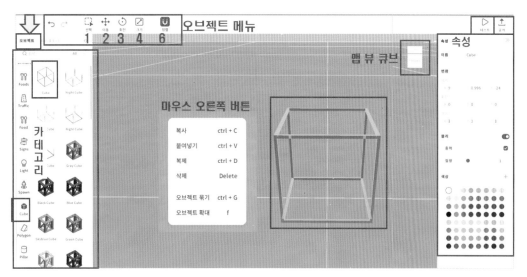

[그림41] 오브젝트 추가 및 속성

- 오브젝트 이동(2)

[이동]을 체크하고 맵에 배치된 오브젝트를 선택하여 X축, Y축, Z축의 화살표나 중심점을 클릭하여 드래그하면 다른 위치로 이동할 수 있다. 아래 이미지처럼 X측 (빨강색) : 좌우, Y축(노랑색) : 상하, Z축(파랑색) : 앞뒤 방향으로 이동하게 된다. 각 축의 이동 방향을 숙지하면 위치 속성의 X, Y, Z 값을 직접 수정하여 이동할 수도 있다. 오브젝트의 Y값은 기본적으로 0.996이다. 이 값보다 작아지면 오브젝트가 풀속으로 잠긴다는 것을 의미한다.

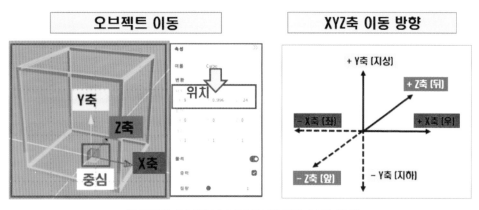

[그림42] 오브젝트 이동 및 XYZ축 이동 방향

• 오브젝트 회전(3), 오브젝트 크기(4)

오브젝트 회전과 크기는 오브젝트 이동과 조절하는 방식이 동일하다. 가운데 축을 이용하거나 속성에서 직접 값을 입력하여 이동, 회전, 크기 조절이 가능하다. 특히 이동과 크기 조절은 X축, Y축, Z축, 중심점을 조절하는 방식이 동일하다.

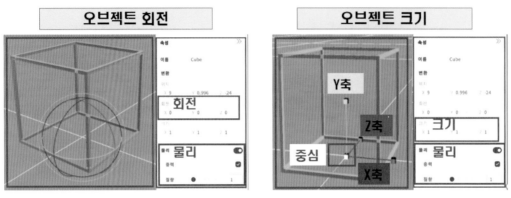

[그림43] 오브젝트 회전 및 크기

• 물 리

오브젝트 속성 중 물리 효과는 아바타와 충돌하는 오브젝트의 마찰 또는 바운스 효과를 조정하는 데 사용할 수 있다.

– 물리 효과 OFF : 아바타와 충돌해도 오브젝트가 움직이지 않고 고정되어 있어 아타바가 지나가지 못하게 된다. 오브젝트를 공중에 배치하여 점프 맵을 만들 수도 있다.
– 물리 효과 ON : 아타바와 충돌하면 오브젝트가 밀리는 효과가 발생한다. 중력을 OFF했을 경우, 공중에 배치한 오브젝트는 떠 있지만 아바타와 충돌하면 오브젝트가 멀리 달아나는 물리 효과가 발생한다 또한 질량이 작을수록 상대적으로 아바타보다 가볍게 되어 물리효과가 크게 나타난다.

예를 들면, Cube 오브젝트의 Y값을 작게 하여 납작하게 종이같이 만들어 물리 효과를 ON으로 하고 질량을 최대로 낮추면 종이가 흩날리는 효과를 낼 수 있다.

• 정렬(6)

정렬은 터치할 때마다 맵의 바탕에 흰색 가이드선을 ON/OFF 하는 기능으로 ON 상태에서의 오브젝트 배치는 원하는 만큼의 미세한 조정이 어려울 수 있다. 오브젝트의 미세한 배치를 하고자 할 때는 정렬을 OFF한 상태에서 조정하는 것을 권장한다.

6) 맵 테스트 및 공개

(1) 맵 테스트

[익스플로러]와 [오브젝트]를 통해 맵을 만들어가면서 수시로 테스트를 통해 아바타 실제 체험을 하면서 맵을 완성해나간다. 테스트하는 맵에서 나갈 때는 ESC키를 누른다.

아래 이미지는 월드(맵)에서 사용하는 단축키 모음이니 꼭 숙달해서 멋진 오픈월드(맵)를 마음껏 제작하고 체험하시길 바란다.

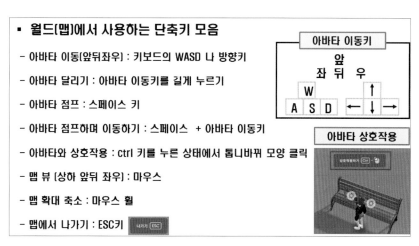

[그림44] 월드(맵)에서 사용하는 단축키 모음

(2) 맵 공개

맵 공개는 완성된 맵을 제페토 월드에 공개하는 단계이다.

빌드잇 편집화면 우측 상단의 [공개]를 클릭하여 아래 이미지처럼 [확인]를 터치한 후 맵 이름, 소개, 썸네일, 스크린 샷, 맵 키워드를 추가하여 [리뷰 신청하기]를 클릭하면 공개가 완료된다. [리뷰 신청하기]를 터치한 후 1~2주동안 맵의 심사 가이드라인 준수 여부를 심사한 후 적합하면 공개된다.

맵을 구성하는 오브젝트, 스크린 샷 등 콘텐츠와 관련된 모든 리소스는 아래 '빌드잇 리소스 가이드 라인'의 항목에 해당되는 경우 맵 심사 과정에서 거절될 수 있으니 다음 사항을 꼭 숙지하여 맵 제작에 고려하여야 한다.

① 빌드잇 리소스 가이드라인

- 완성도가 현저하게 떨어지는 리소스(ex: 오브젝트 개수 20개 이하)
- 오류 또는 특별한 이유 등으로 ZEPETO 서비스 내에서 정상적으로 출력되지 않는 리소스 (예를 들어 많은 수의 오브젝트가 배치되었을 경우)
- 테스트 목적으로 맵을 등록하는 경우
- 커스텀 오브젝트에 삽입된 이미지에 영화, 게임, 방송 등 타 콘텐츠 및 브랜드를 직접 포함하거나 암시할 경우
- 맵 키워드와 상관이 없는 맵인 경우

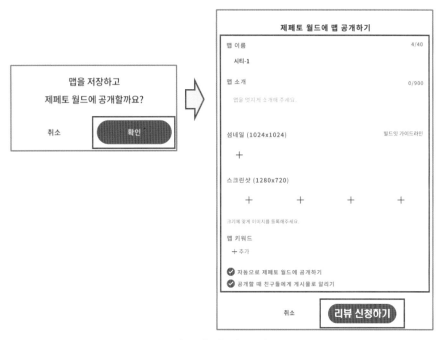

[그림45] 맵 공개

② 제페토 월드에 맵 공개하기 위한 항목 작성 요령

다음은 제페토 월드에 맵을 공개할 때의 항목을 작성 요령이다. 유튜브, 블로그, 인스타그램 등 SNS플랫폼의 게시물을 효과적으로 상위 노출하기 위한 방법을 참고하여 작성하는 것도 하나의 방법이다.

- 이름 : 한 눈에 맵의 특징을 알수 있도록 짧고 명확한 이름이 좋다. 4자이상 40자 이하가지 입력할 수 있다.
- 설명 : 맵에 대한 이야기, 특징, 플레이 방법 등 맵에 대한 충분한 설명을 입력한다. 최대 900자 까지 입력할 수 있다.
- 썸네일: 썸네일은 맵을 알리는 대표적인 요소로 클릭을 유도할 수 있는 매력적인 썸네일을 만들어서 제페토 사용자들이 맵에 놀러오도록 만든다. 썸네일의 해상도는 1024 x 1024pt (1:1) 사이즈이어야 한다. 자세한 썸네일 가이드라인은 별도의 챕터를 참고하기 바란다.

- 스크린 샷 : 맵의 특징과 매력을 가장 잘 표현하는 부분을 캡쳐해서 등록하면 좋다. 스크린샷 해상도는 1280 x 720pt(16:9) 사이즈이어야 하고, 최대 4장까지 등록할 수 있다.
- 맵 키워드 : 맵에 어울리는 키워드를 선택하여 검색에 잘 노출될 수 있도록 한다. 최소 2개 이상이어야 한다.
- 자동으로 공개하기 : 심사 완료 후, 자동으로 제페토 월드에 자동으로 공개하기를 원할 때 체크하면 된다. 자동으로 공개되지 않도록 하려면 이 옵션을 끄고 원할 때 바로 공개할 수 있다.
- 공개할 때 친구들에게 게시물로 알리기 : 체크하면 공개된 맵을 피드에서 제페토 친구들에게 알려준다.

③ 썸네일 가이드라인

썸네일은 제페토 사용자들이 맵의 방문 여부를 결정하게 하는 중요한 요소이다. 그러므로 맵의 특징이나 매력을 보여주어 맵의 방문을 유도할 수 있는 썸네일을 다음과 같은 기준에 맞춰 만들어야 맵 공개 심사에서 승인을 얻을 수 있다.

- 승인에 적합한 썸네일 가이드라인
  – 해상도 1024 x 1024pt(1:1) 사이즈의 썸네일
  – 맵의 특징 또는 전경이 정돈된 텍스트(맵 이름)와 함께 활용된 썸네일
  – 맵의 분위기에 어울리는 캐릭터가 텍스트(맵 이름)와 함께 활용된 썸네일

[그림46] 맵 썸네일 좋은 예시 (출처 : 제페토 가이드라인)

다음은 맵 심사 과정에서 거절될 수 있는 썸네일의 경우이므로 유의하자.

- 승인에 부적합한 썸네일 가이드라인
  - 썸네일이 1024 x 1024pt(1:1) 사이즈에 맞지 않을 경우
  - PNG 이미지 형식의 투명 배경이 그대로 보이는 이미지
  - 전체 사이즈 대비 하늘 등 빈 영역이 많은 경우
  - 정돈되지 않은 텍스트가 삽입된 경우
  - 현저히 낮은 해상도의 썸네일이 출력되는 경우
  - PC 화면이나 메뉴 등이 함께 출력되는 경우
  - 맵과 무관한 내용을 표현하는 경우

7) 유용한 오브젝트 종류

(1) 필수적으로 추가해야 할 오브젝트 2종

다양한 오브젝트 중 맵 제작시 필수적으로 추가해야 할 오브젝트 2종류가 있다.

① Spawn 오브젝트

Spawn은 아바타가 등장하는 위치를 표시하는 오브젝트이다. 여러 종류의 Spawn 오브젝트에서 맵에 어울리는 Spawn 오브젝트를 3~5개 정도 추가하는 것을 권장한다. Spawn 오브젝트가 없으면 맵 중앙에 아바타가 등장한다.

② Npc 오브젝트

Npc는 아바타와 동일한 크기의 캐릭터로 맵 제작시 오브젝트 크기를 조절할 때 아바타 크기와 상대적인 크기를 비교하기 위한 척도로 사용하기 좋다. 맵 제작시 필요없을 때는 삭제한다.

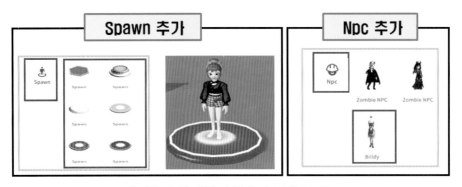

[그림47] 맵 제작시 필수 오브젝트 2종

(2) 이미지 추가 가능한 오브젝트 종류

Custom 오브젝트 유형의 모든 오브젝트는 속성에서 이미지를 추가할 수 있다. 한 맵에 이미지는 최대 20개까지 추가할 수 있다.

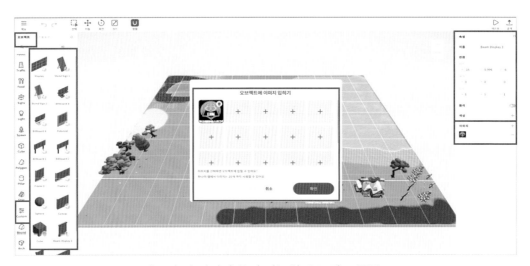

[그림48] 이미지 추가 가능한 오브젝트 종류

(3) 아바타와 상호작용 가능한 오브젝트 종류

상호작용이란 아바타가 오브젝트 근처에 있을 때 어떤 행위를 할 수 있는 속성이다. 상호작용 오브젝트를 맵에 추가하여 제페토 사용자가 많이 방문하는 흥미진진한 맵을 제작해보자. 현재는 아래와 같이 상호작용 오브젝트의 수가 적지만, 앞으로 다양한 상호작용 오브젝트가 추가되리라 기대해본다.

① 톱니바퀴 있는 상호작용 오브젝트

아래의 오브젝트들은 톱니바퀴모양이 있는 상호작용 오브젝트이다.

- Attach 오브젝트 유형 : 우산 종류 2개, 라커, 이젤 등 총 4개의 오브젝트가 있다.
- bench 오브젝트 : 벤치에 앉을 수 있는 오브젝트이다.
- vehicle kiosk 오브젝트 : 다양한 렌트카를 이용할 수 있는 오브젝트이다. 참고로 car 오브젝트는 탈수없는 오브젝트이다.

위와 같은 상호작용 오브젝트와 아바타가 상호작용하기 위해서는 ctrl키를 누른 상태에서 상호작용(톱니바퀴)을 터치하면 된다. 상호작용을 끝내려면 g키를 터치하면 된다. 때때로 상호작용 오브젝트 유형에 따라 상호작용 키와 해제의 키가 다를 수도 있다.

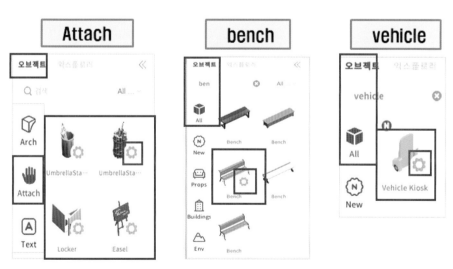

[그림49] 톱니바퀴 있는 상호작용 오브젝트

② 톱니바퀴 없는 상호작용 오브젝트

아래의 오브젝트들은 톱니바퀴 없는 상호작용 오브젝트이다.

- portal 과 save point : save point 오브젝트에서 상호작용을 시작하고, portal 오브젝트를 통해 save point로 돌아오는 상호작용 오브젝트이다. 이 오브젝트를 사용하면 맵을 돌아다니지 않고 특정 구간을 순간이동 할 수 있다. 두 오브젝트를 함께 사용해야 한다.
- timer start 와 timer finish : timer start 오브젝트에서 상호작용을 시작하여 timer finish 오브젝트에 도착하면 꽃가루 빵파레가 뿌려지며 달리기 기록을 측정할 수 있다. 두 오브젝트를 함께 사용해야 한다.
- Spring platform : 아바타가 점핑할 수 있는 오브젝트이다.
- space dome elevator : 아바타가 엘리베이터를 타고 2층으로 이동하게 할 수 있는 오브젝트이다.

아래의 그림은 위에서 설명한 순서대로 정렬한 톱니바퀴 없는 상호작용 오브젝트 모음이다.

[그림50] 톱니바퀴 없는 상호작용 오브젝트 모음

〈참고자료〉

- 제페토 가이드

Section 3 새로운 세상 속으로
ifland

새로운 세상 속으로 ifland

---

1 ifland란?

[그림1] ifland

- Brand Identity- 무엇이든 될 수 있고 무엇이든 할 수 있고 언제든 만날 수 있고 어디든 갈 수 있는 곳!

ifland는 if가 현실이 되는 새로운 세상이라는 의미에서 탄생했다. 가상공간에서 소통을 목적으로 2021년 7월 한국의 SK텔레콤이 만든 메타버스 플랫폼이다. 아바타로 자신을 꾸미기도 하고 jump와 사진으로 자신을 표현할 수 있고 PDF MP4 MOV로 화면 공유를 할 수 있다. 3D 가상공간에서 주제에 맞는 실감 나는 공간을 주체적으로 만들어 다양한 소통을 할 수 있는 메타버스 (확장 가상세계) 새로운 디지털 세계를 말한다.

특징은 공간적 시간적 제약을 받지 않으면서 언제 어디서나 land를 통해 여러 아바타들이 공감과 소통을 할 수 있다는 것이 특징이다.

지금까지 2D에서 문자와 동영상으로 소통을 했다면 ifland는 3D 가상공간에서 음성으로 소통할 수 있고 실제 노래를 불러 주기도 하고 가상세계 아바타와의 만남이지만 느끼는 정서적 교감은 현실 세계처럼 표현과 친밀감 형성이 자유롭다.

450만 녕의 유즈를 확보하고 있으며 올 4분기 내 미국 유럽 동남아시아 등 80개국 타깃으로 글로벌 진출 중이다. 현재 이프랜드는 iOS와 안드로이드 버전 모두 서비스 제공 중이다. 이프랜드는 향후 오큘러스 퀘스트 OS 버전과 함께 가상현실(VR) 디바이스까지 메타버스 생태계를 확장할 계획에 있다(참고자료 : 네이버 이프랜드).

② 이프랜드 시작하기

1) 이프랜드 설치 및 기능 알아보기
스마트 폰 플레이 스토어에서 이프랜드 앱을 검색해서 설치한다.

(1) 모바일에서 설치해보기
현재 ifland는 모바일에서만 설치가 가능하다. ①설치를 누른다. 팝업장이 뜨면 하단 ②확인을 누른다.

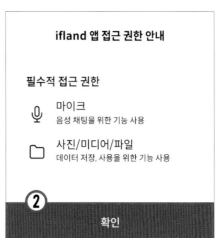

[그림2] 설치하기

(2) 허용 누르기

③앱 사용 중에만 허용을 누르고, 이어서 ④허용을 누른다.

[그림3] 허용 누르기

(3) 회원 가입하기

⑤, ⑥은 회원 가입하기이다. 회원가입은 SK텔레콤 가입자는 T아이디를 활용할 수도 있고 구글 계정 페이스북 중 하나를 선택한다.

[그림4] 계정 선택화면

(4) 동의하고 시작하기

⑦, ⑧은 동의하고 시작하기이다. 전체동의하기 체크 후 동의하고 시작하기 누른다. 마케팅 수신 동의는 제외해도 상관없다.

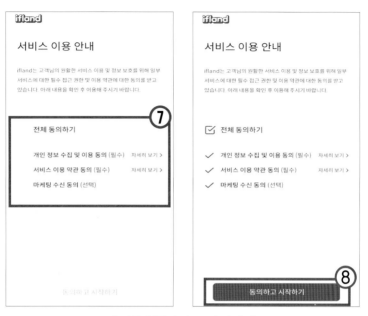

[그림5] 동의하고 시작하기

(5) 닉네임 만들기

①'텐션높은 산삼' 자리에 본인의 닉네임을 만들어 입력하고 아바타를 설정한 후
②ifland 시작하기를 누른다.

[그림6] 닉네임 만들기

(6) 아바타 꾸미기

　②, ③은 아바타 꾸미기이다. 마음에 드는 아바타 복장을 각각 골라서 선택하고 상의 하의 헤어스타일 신발 안경 등 꾸며본다. 다양한 얼굴형 헤어 스타일 의상 악세서리 그 외 또 다른 나만의 부케를 만들 수 있다.

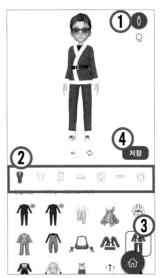

[그림7] 아바타 꾸미기

　여러 가지 아바타 패션을 선택할 수 있다. ④저장하기 후 홈 화면이 나타난다.

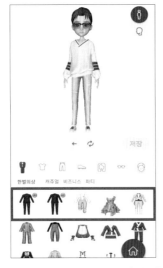

[그림8] 캐릭터 꾸미기

(7) 닉네임 설정

프로필을 설정하려면 홈 화면에서 닉네임을 선택한다. 프로필 화면에서 닉네임 ①자기소개 ②관심 태그 SNS 링크를 설정할 수 있다.

[그림9] 닉네임 설정

(8) 자기소개 창

①자신을 소개해본다. 관심 태그는 세 개까지만 가능하다. 세 개를 체크해 본다. 체크 하지 않아도 무방하다. #취향 공유#일상#힐링 하단에 ②확인을 누른다.

[그림10] 자기소개 창

(9) SNS 주소 등록

확인 저장 후 이러한 화면이 나타난다. ①SNS링크 등록 란을 누르고 SNS 링크도 등록할 수 있고 페이스북·인스타그램·블로그 등 ②저장을 할 수도 있다.

[그림11] SNS 주소 등록

(10) 사진＋기능창

저장 후 자신의 정보가 저장된 내용을 볼 수 있으며 다음과 같이 나타난다. 상단 ①+부분에 자신의 사진을 갤러리에서 가져오기 후 등록할 수 있다.

[그림12] 사진＋기능 창

2) 랜드 찾아보기

관심 있는 land를 클릭해서 입장할 수도 있고 ①land 이름이나 닉네임으로 찾을 수도 있다.

[그림13] 랜드 입장

상대방 비밀 방의 링크를 소개받았다면 비밀 방 입장 시 비밀번호를 입력해야 된다.

[그림14] 비밀 링크와 비밀번호

①Open에서 다양한 추천 land에 참여할 수 있으며 아래 ②돋보기 모양의 ③검색을 통해 찾고 싶은 land를 찾아서 다양한 관심사의 콘텐츠와 프로그램을 진행할 수도 있고 참여할 수 있다.

[그림15] 추천 land 참여하기

자신의 정보를 찾아보자. 왼쪽 아래 ①번 사람 모양을 누르면 처음 입력 했던 자신의 정보가 나온다. 아바타 이름 자기소개 SNS 사이트 등을 알 수 있다.

[그림16] 자신의 정보 찾기

3) 랜드 만들어 보기

①왼쪽 하단 +표시를 누르고 오른쪽 상단 ②에 제목을 입력한다. 태그는 선택이며 ③공개나 비공개를 선택한 후 하단에 ④저장을 누른다.

[그림17] 랜드 제목 만들기

①독서모임 제목을 입력하고 ②사전에 예약할 수도 있고 바로 시작할 수가 있으며 ③태그를 정해도 되고 정하지 않아도 된다. 태그는 세 개까지만 가능하다. 아래 확인을 클릭한다.

[그림18] land 예약하기

4) land에서 소통하기

land가 만들어질 때까지 30초 정도 시간이 소요된다. land 창이 열릴 때까지 기다린다.

[그림19] land 창 열기

최대 참여 인원은 131명이며 그중 아바타로 보이는 인원은 31명이 한계이다.

제목을 "노래 연습"이라고 입력하고 비밀번호 없이 공개 방을 만든 사례이다. 4명의 아바타가 들어오면서 채팅창을 통해 서로 인사를 하고 있다.

[그림20] land 참여하기

5) land 기능 알아보기

(1) 채팅창

①화살표 점 세 개 모양은 채팅창이며 채팅을 할 수 있다. 채팅창의 아바타를 클릭해서 친구 추가 팔로도 할 수 있다.

[그림21] 채팅창 알아보기

(2) 공유 창

상단에 ②느낌표 모양을 클릭하면 공유 창이 열린다. 방 이름 호스트 태그 날짜 링크의 정보를 알 수 있으며 링크를 복사해서 외부 공유로 친구 초대를 할 수 있다.

[그림22] 공유 창

(3) land 탐색 창

③지구 모양은 land를 탐색을 할 수도 있고 다른 land를 볼 수도 있다.

[그림23] land 탐색 기능

다른 사람들이 만든 land를 살펴보고 들어갈 수 있다. 들어가서 여러 아바타들과 소통 할 수 있다.

[그림24] 다른 land 보기

(4) 친구 초대하기 창

④친구 초대하기 창은 사람 모양으로 land에 초대하기를 할 수 있다. 복사해서 친구 초대를 통해 land에 올 수 있게 카카오톡이나 문자 밴드 등 링크를 통해 초대 할 수 있다.

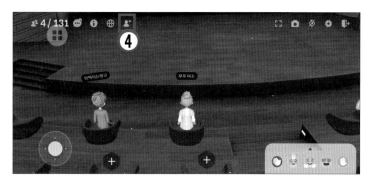

[그림25] 친구 초대하기 창

(5) 자료 공유 창

⑤열쇠 모양을 누르면 자료 화면이 나오면서 하단의 자료로 들어가서 참여자한테 공유할 수 있고 PDF·MP4·MOV를 공유할 수 있다. 어떤 화면을 보고 있어도 간편하게 페이지 이동과 재생이 가능하다.

[그림26] 자료 공유 창 1

[그림27] 자료공유 창 2

(6) 카메라 기능 창

⑥카메라 아이콘 사진 모양을 클릭하면 다양한 포즈의 아바타들과 사진을 찍을 수 있다. 촬영과 동시에 스마트폰 갤러리에 자동 저장이 된다.

[그림28] 카메라 기능 창

(7) 마이크 기능 창

⑦마이크 모양 창을 누르면 참여자 모두가 자유롭게 끄고 켤 수 있다.

[그림29] 마이크 기능

(8) 설정 창

상단 ⑧ 톱니바퀴 모양의 설정 창이다. 설정 창에는 여러 가지 기능이 있다.

[그림30] 설정 창

설정창에서 land를 수정할 수도 있고 공지 등록 마이크 권한 채팅 권한 설정 및 호스트를 변경할 수 있다. 비공개로 하게 되면 자동 비밀번호가 형성이 되어 비공개 방을 만들 수 있다.

[그림31] land 수정

설정에서 호스트를 지정하고 변경할 수 있다. 호스트를 변경하고 나갈 수도 있다. 호스트 변경 시 공지 등록 및 마이크 권한 설정 등은 할 수 없다.

[그림32] 호스트 변경

(9) 아바타 움직이기

⑨는 아바타를 움직이면서 이동하는 기능이다. 왼쪽 하단의 둥근 모양은 상하좌우를 움직이면서 이동을 할 수 있다.

[그림33] 아바타 움직이기

(10) 이모티콘 보기

⑩은 이모티콘 활용이다. 오른쪽 하단에 삼각형 모양을 클릭하면 100여 개의 감정표현 리스트로 생동감 있는 커뮤니케이션을 할 수 있다. 박수와 다양한 춤을 출 수도 있고 이모티콘을 통해 여러 감정을 표현할 수 있다.

[그림34] 이모티콘 활용 기능

(11) 나가기 창

⑪은 나가기 창이다. 상단 맨 우측에 나가기 버튼을 선택하면 방을 종료할 수 있다.

[그림35] 나가기 창

3 ifland 활용 사례

포럼 회의 세미나 강연 축제입학식 페스티벌 팬 미팅 심야 영화 상영회 대학생 마케팅 스쿨 프라이버시 미팅 명상 힐링 기업 홍보 공공기관 지자체 유통 제조업 금융업 엔터테인먼트 전시 공연 OX 퀴즈 룸 방송 프로그램 등 다양한 사례들이 있다.

- 고려대학교 응원 OT는 응원단 아바타로 응원 개최
- 서울 장애인 복지관 직원교육 개최
- 보신각 타종행사
- K팝 콘서트
- 해운대구 간부회의
- 벤처타임즈 전문기관 세미나 개최
- 대학교실험 실습동아리 국제교류 사회봉사 등 대학 생활 소통의 창
- 서귀포 공직자 우수 민생 시책 선정을 위한 2차 발표심사 개최
- 대구한의대학교 수시 홍보 행사
- 건국 대학교 학교 축제
- 순천향대학교 비대면 입학식 개최
- 네이버 신입사원 오피스 투어
- 크리스찬 루부탱의 패션쇼
- 한국 수자원공사 특강개최
- SK텔레콤 기자간담회 개최
- 복면 가왕을 비롯한 예능 프로그램 활용
- 외교부 행사
  (참고자료 : 네이버 이프랜드)

◢ land에서 에티켓 지키기

언택트 문화나 개개인의 공간이 강조되는 만큼 메타버스의 중요도가 계속해서 커지고 있다.

메타버스 중심에 있는 국내 플랫폼은 ifland가 있으며 향후 메타버스 시대가 자리 잡아 가는 추세다.

프라이버시와 윤리 이슈는 가상공간에서 부작용으로 양산될 수 있다.

개인 정보 처리 문제와 그에 따른 각별한 보호가 어려운 것이 문제로 보인다.

1) 처음 만나는 아바타지만 존댓말을 쓰자.

2) 인사는 내가 먼저 하자

3) 공통 관심사로 소통하는 아바타뿐 아니라 다른 아바타와도 소통의 기회를 갖자.

4) land에서 나가기를 할 때는 마무리 인사를 하자.

다양한 아이콘들로 생활 깊숙이 파고드는 메타버스 공간과 삶을 함께 해야 되는 현실이 이미 눈앞에 와 있다.

가상공간 랜드에서 소통을 한다고 해도 매너 즉 에티켓이 있으며 서로가 예의를 지켰을 때 아바타를 통한 플랫폼 안에서 기본 질서의 문화가 자리 잡을 것이다.

미래는 가상과 현실을 넘나들면서 서로가 함께 공존하는 세상이기에 다 같이 가상세계에서 경제적 공간적 사회적 문화를 만들어 나가야 된다고 본다.

〈참고자료〉

• 이프랜드 가이드

Section 4

게더타운
(Gather town)

게더타운(Gather town)

[그림1] 게더타운

코로나19 팬데믹으로 인하여 우리의 생활이 강제적으로 일시멈춤을 한 적이 있었다. 그리고, 등장한 것이 재택근무, 줌수업, 온라인쇼핑몰의 성장, 배달 서비스의 증가 등이었다. 결국 코로나는 우리의 일상적인 문화를 바꾸어놓은 것이다. 비대면 시대의 교육은 학교에 가는 것보다 집에서 온라인으로 교육을 받게하였다. 강사들은 오프라인에서 온라인으로 교육시스템을 변경하여 진행을 하게 되었고, 지방자치단체와 공공기관들이 모두 온라인교육으로 전환하였다.

줌은 대면교육으로 장점이 있었지만 화면에 모르는 얼굴들을 보거나, 외모를 보여주기 싫어하는 교육생들에게는 그다지 달갑지 않았다. 이러한 때 등장한 것이 바로 게더타운과 같은 플랫폼이라 할 수 있다. 게더타운에서는 이제 얼굴이 아닌 아바타를 이용하게 되어 나의 사생활도 보장해주게 되고, 흥미와 재미라는 요소가 추가되었다. 이제 공간에서 나의 아바타가 마치 게임하듯이 즐기면서 교육을 받고 업무를 수행할 수 있게 되었다. 이제는 게더타운을 원격근무, 사무실회의, 온라인교육을 진행하는 공간으로 사용하게 되었으며, 오프라인 환경처럼 공간을 예쁘고 실용적으로 구성할 수 있다.

메타버스 플랫폼 중 하나인 게더타운은 모바일기반이 아직 잘 지원되지 않고 있다. 현재는 PC 기반으로 운영해야 한다.

게더타운은 미국의 스타트업 회사로 필립왕과 쿠마일재퍼,사이러스타브리지가 공동으로 설립한 회사이다. 클라우드 기반으로서 아바타를 통해 가상공간에서 만나 실제처럼 대화도 나누고 업무도 할 수 있는 공간으로 운영되는 플랫폼이라 할 수 있다.

게더타운은 웹브라우저로는 크롬과 파이어폭스에 최적화되어 있다. 다른 브라우저에서 사용해도 되지만 가능하면 에러없이 사용하는 것이 좋다. 게더타운 내에서는 대화도 가능하며, 오브젝트를 다양하게 사용할 수 있다. 직접 맵을 제작할 수 있으며, 작고 귀여운 2D캐릭터인 아바타를 만날 수 있다.

컴퓨터 시스템 사양으로는 2.4GHz 듀얼코어, 8GB 메모리이상, 와이파이가 잘되는 곳에서 사용할 것을 추천한다. 하나의 공간에 참여하는 사용자가 20명이 넘을 경우 무료버전에서는 일부 시스템 접속이 원활하지 않을 수도 있다.

게더타운은 한 공간에서 25명까지는 무료로 이용이 가능하지만, 25명이 초과될 경우에는 별도의 비용을 지불해야 한다. 지불기준은 2시간 이용시 1인당 2 $, 하루에는 3 $, 한달 이용시에는 7 $ 가 추가된다.

[그림2] 게더타운 가격정책

---

1 게더타운 회원가입하기

게더타운을 사용하기 위해서는 회원으로 가입해야한다. 단순히 행사나 모임에 참가하는 것이라면 회원가입을 하지 않고 이용해도 된다.

1) 게더타운 홈페이지 우측 상단의 로그인 버튼을 클릭한다[그림3].

[그림3] 게더타운 메인페이지

2) [그림4]의 Sign in with Google을 클릭하여 소셜로그인을 한다. 로그인전에 구글 아이디와 패스워드를 반드시 찾아놓거나 기억하도록 한다. 구글 이외의 이메일을 이용하여 가입하는 경우에는 별도로 6자리의 코드를 요청할 수 있다.

[그림4] 회원가입

3) [그림5]에서 보는 것처럼 캐릭터가 나타난다. 액세서리와 옷 등으로 아바타를 꾸며본다.

4) [그림6]처럼 캐릭터의 이름을 지어본다.

[그림5] 캐릭터생성   [그림6] 캐릭터네임

② 스페이스 만들기

1) [그림7]은 Create 메뉴로서 공간을 만드는 것이다. 게더타운에 직접 내가 공간을 만들어서 유저들을 초대할 수 있다. Create a Space를 클릭하면 공간을 만들수 있다. 스페이스는 게더타운내의 메타버스 공간이라고 할 수 있다. 다양한 템플릿이 있어서 템플릿을 이용하여 쉽게 제작할 수 있다. 공간제작자에 따라서 스페이스의 크기가 달라질 수 도 있고, 사용공간의 용도도 달라질 수 있다. 스페이스를 만들게 되면 웹상에 주소가 만들어지며, 이 주소를 이용하여 본인이 만든 공간에 사람들을 초대할 수 있다.

[그림7] 스페이스 만들기

2) [그림8]은 게더타운내에 어떤 공간을 만들 것인지에 대하여 묻는다. 사무실, 이벤트, 소셜공간 중 우선 사무실 공간을 만들어보도록 하자. 아래 왼쪽 첫 번째 템플릿을 선택하고 Select Space를 클릭한다.

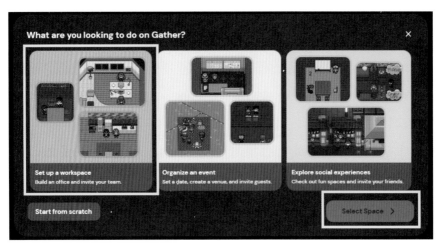
[그림8] 스페이스 템플릿선택

[그림9]처럼 사무실 크기를 물어보는 몇 명이 사용할 공간인지 선택하도록 한다.
아래의 Confirm Selection을 클릭한다. [그림10]의 빈 공간에 ①스페이스 네임을
영문으로 기입한다. 스페이스 네임을 입력 후 ②Create space를 클릭하면 하나의
공간이 만들어지게 된다.

[그림9] 템플릿

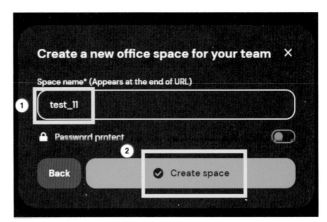
[그림10] 스페이스만들기

3) 공간이 만들어지면 해당 공간이 열려서 바로 입장하게 되는 것이 아니고 로그 인을 해야한다. [그림11]의 경우

① 캐릭터를 수정할 수도 있다.

② 마이크와 비디오를 이용할 경우 on/off를 할 수 있다.

③의 경우는 마이크나 비디오를 복수로 사용할 경우 선택할 수 있다.

④ 이제 스페이스에 들어가도록 한다.

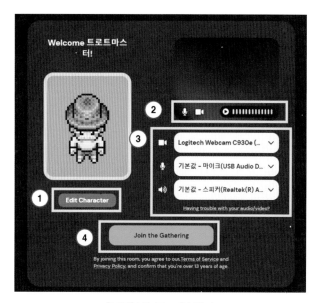

[그림11] 로그인하기

❸ 스페이스 사용법

1) 내가 만든 공간으로 들어오면 2D로 이미 만들어진 공간으로 들어오게 된다.
[그림12]

스페이스 화면 내에는 별다른 설명들은 없이, 위쪽에 이동방법에 대한 간단한 안내글이 보인다. 로그인한 유저의 이름이 좌측에 보인다.

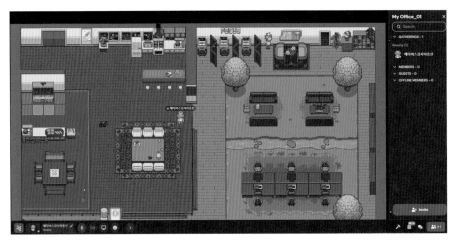

[그림12] 스페이스 둘러보기

2) 좌측상단의 홈 로고를 클릭한다. [그림13]

① 게더타운의 홈 메인화면으로 이동하는 것이 아니고, 메뉴들이 나타난다. 상단의 Invite는 친구들을 초대하는 링크가 나오고, Home를 클릭하면 My Spaces 화면으로 들어간다. 스페이스를 관리하거나 설정을 할 수 있는 메뉴들이 있다.

② 메뉴들을 살펴보자
  - Manage Space : 스페이스 대시보드로 이동한다. 스페이스를 유료버전으로 업그레이드하거나 스페이스를 편집할 수 있는 메뉴들이 있다.

- Invite : 다른 사람을 이 공간에 초대할 수 있다. 이메일이나 링크주소를 보내 초대할 수 있으며, 초대시간을 제한할 수 있다. 초대링크의 유효시간은 1시간 에서 한달까지이다.
- Setting : 스페이스의 설정메뉴가 나온다. 유저 설정과 스페이스 설정을 할 수 있다. 오디오나 비디오 컨트롤, 화면크기 등을 설정할 수 있다. [그림15]
- Help Center : 도움말 페이지가 나온다.
- Send Feedback, See Updates : 게더타운 회사에 피드백을 하거나 질문을 하는 페이지이다.
- Open in Gather desktop app : 데스크톱용 애플리케이션이 실행된다.
- Report an Issue : 게더타운 이용 중에 문제점이 있을 때 담당자에게 양식에 맞추어 전달하는 페이지이다.

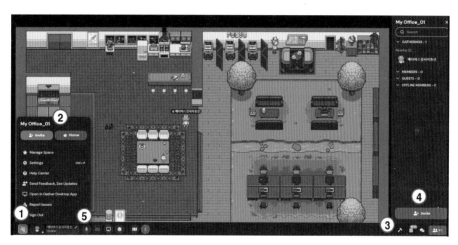

[그림13] 스페이스 구조이해

[그림13]의 ③번 메뉴들을 위에서부터 아래로 살펴보자.

- 망치 : 빌드 아이콘으로서 오브젝트 작업을 수행할 수 있다. 스페이스 내에 화분이나 가구 등을 추가로 배치할 수 있으며, 내가 만든 이미지를 스페이스 내에 업로드할 수 있다. 그리고, 전체 스페이스를 맵메이커를 이용하여 전체 스페이스를 편집할 수 있다.

- 캘린더 : 이벤트나 구글캘린더를 연동하여 사용할 수 있다.
- 말풍선 : 채팅 창으로서 스페이스 내에 함께 참여하고 있는 참가자와 채팅을 할 수 있다
- 참가자 : 참가자 목록 전체를 볼 수 있고 채팅으로 대화를 할 수 있다. 참가자를 팔로우하거나 참가자의 상태를 볼 수 있다.

위에 해당되는 아이콘을 클릭하면 패널창이 열리며, 설정을 진행하거나 내용을 볼 수 있다.

④은 참여자를 초대하고자 할 때 사용하는 링크주소 또는 이메일로 초대를 할 수 있다.

⑤은 아바타와 미니맵, 화면공유, 이모지이다.
- 참가자 본인의 캐릭터를 볼 수 있다. 마이크와 카메라를 on/off 할 수 있다.
- 캐릭터 : 캐릭터를 클릭하여 캐릭터의 이미지를 수정하거나 변경할 수 있다. 캐릭터의 이름을 변경하거나, 참여자들이 많아서 내 아바타의 위치를 잘 모르거나 스페이스 내에 알 수 없는 에러가 날 경우 리스폰을 할 수 있는 메뉴가 있다.
- 미니맵 : 참여자가 게더타운 내 스페이스에 많을 경우 내 위치가 잘 보이지 않으면 미니맵을 열어 현재 나의 위치를 확인할 수 있다. 맵이 크면 모니터 화면에 전체맵을 볼 수 없을 경우 전체 맵을 한 눈에 볼 수 있다.
- 화면공유 : 줌에서처럼 참가자들에게 내 화면을 공유하여 보여줄 수 있다. 오디오도 함께 공유가 가능하다.
- 이모지 : 이모지는 1번에서 6번까지 있으며, 참여자의 상태에 따라 반응을 해주면 된다. 마우스로 클릭을 해도 되고, 해당 이모지의 번호를 누르면 이모지가 아바타의 머리 위에 보여지게 된다.

[그림14] 이모지

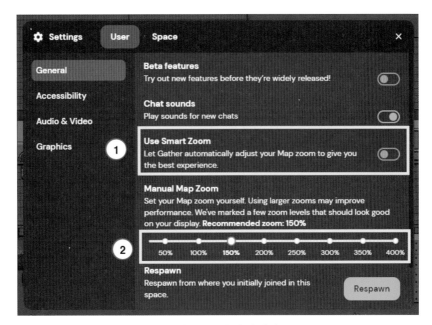

[그림15] 유저화면설정

❹ 캐릭터 사용법

1) 캐릭터 이동하기

[그림16]에서 보듯이 캐릭터를 움직이는 방법은 키보드를 이용하거나 마우스를 이용한다. 먼저 키보드의 화살표 상,하,좌,우를 한번씩 누르면 이동하는 것을 볼 수 있다. 그런데, 이렇게 하다보면 마우스를 잡는 것이 불편할 수 있다. 같은 역할을 하는 것이 A,S,D,W 키이다. 이것은 화살표키처럼 동작을 하며, 오른손이 마우스를 자유롭게 사용할 수 있게 해준다. 처음에 익숙하지 않지만 반복해서 연습하면 익숙해진다. 이동시에는 한칸씩 이동하게 되는데 한칸을 타일(Tile)이라고 부른다.

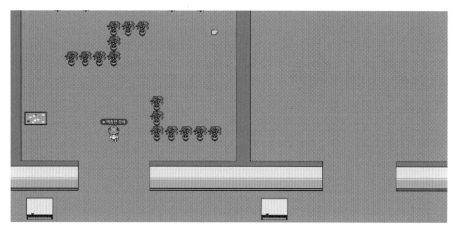

[그림16] 캐릭터 이동하기

마우스로 이동하는 방법은 화면의 특정한 장소로 이동할 위치를 클릭하는 것이다. 마우스를 더블 클릭하면 캐릭터가 지정된 위치로 이동하게 된다. 마치 방에서 이동하는 느낌을 받을 것이다. 벽이 있으면 벽을 지나지 못하고 돌아서 이동하게 된다.

2) 상호작용

[그림17]처럼 캐릭터가 오브젝트 가까이 가게 되면 노란색으로 바뀌면서 X 버튼을 클릭하라고 한다. 그러면, 화면이 열리면서 게시판이나 영상, 웹사이트들을 볼 수 있다.

[그림17] 상호작용

3) 캐릭터 지나가기와 댄스

캐릭터들이 많이 몰려있는 경우에는 지나가기가 어렵다. 이럴때는 G키를 눌러서 고스트(Ghost)모드로 전환하면 쉽게 지나갈 수 있다. Z키를 누르면 캐릭터가 춤을 춘다. 멈추려면 다른 키를 누르거나 이동키를 누르면 된다. 작업을 하다 보면 스페이스에 갇히는 경우가 생기는 데 이럴 때는 E키를 눌러서 탈출하면 된다.

4) 다른 캐릭터와 작용하기

① Start bubble : 다른 캐릭터의 옆으로 가려면 해당캐릭터에 마우스를 대고 우측 버튼을 클릭한다. 5개의 메뉴가 나오게 되는데 start bubble를 하면 버블로 두명을 묶어버린다.
이 경우에는 두 사람만이 대화를 나눌 경우에 사용하기 좋다.
② Follow : 선택한 캐릭터를 따라다니게 된다. 이럴 때에는 게더타운 내에 위치를 잘 모를 때 자동으로 따라가게 하면 편하다. 리더의 입장에서도 교육시 편리하게 이동할 때 사용할 수 있다.

③ Request to Lead : Follow의 반대인데 이끌어달라고 요청을 하는 것이며, 해당캐릭터에 Lead할 것인지 요청이 가면 승인을 해야 가능하다.

④ Send chat : 해당 캐릭터와 채팅을 한다.

⑤ Move here : 해당 캐릭터의 옆으로 이동한다.

[그림18] 캐릭터사용하기

5) 내 스페이스에 다른 사람 초대하기

① 해당 스페이스의 주소를 카톡이나 밴드 등을 이용하여 초대하는 것이다. 스페이스 상단의 주소를 복사하여 보내면 된다. 대부분은 https://app.gather.town/app/quKZTcXqLfETIeIL/gather_edu 와 같은 형식이다. 홈페이지 주소와 같은 것이다.

② 하단의 Invite 버튼을 클릭한다. 아래쪽에 copy link 라는 단어가 있다. 클릭하면 자농으로 복사가 된다. Members와 Guests 로 나누어지는데 Guests의 경우 1시간에서 1개월까지의 기간으로 초대할 수 있다[그림19].

③ 이메일로 초대 메일을 보내는 것으로, 초대받은 사람은 메일안의 링크를 클릭하여 들어올 수 있다.

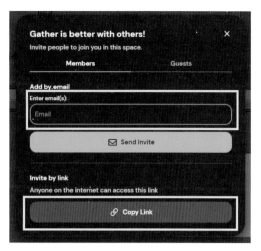

[그림19] 사용자 초대하기

6) 다른 캐릭터와 대화하기

게더타운은 캐릭터끼리 거리가 멀어지면 서로 대화를 할 수 없다. 마치 오프라인에서 멀리 있는 사람과 대화하기 어려운 것처럼 멀어지면 소리도 작게 들린다. 대화를 하려면 두 캐릭터가 옆에 있어야 한다. 게더타운내 카메라를 켜면 상단에 상대방의 화면이 보이는 데 이 때 거리가 멀어질수록 흐릿해보이며, 거리가 가까워질수록 선명하게 보인다.

이렇게 되면 대화도 가능하고, 여러명이 함께 모여 줌처럼 화상회의도 할 수 있다. 화면공유를 통해 파일도 공유하고, 소리공유도 가능하니 마치 줌과 같은 느낌을 받게 된다. 카메라와 오디오는 우측 하단에 마우스를 올려서 온/오프를 할 수 있다.

7) 채팅하기

게더타운 화면 좌측에 말풍선을 클릭해보면 채팅을 할 수 있는 채팅창이 열린다 [그림20].

① To Nearby 는 내 근처에 있는 캐릭터들과 채팅을 한다.

② Everyone 은 참여한 모든 캐릭터와 채팅을 한다.

③ 한명의 캐릭터만 선택해서 1:1 채팅을 할 수도 있다.

[그림20] 채팅하기

8) 참가자 차단하기

참가자차단 패널을 보면 3가지 메뉴가 있다.

① Block : 선택한 참가자와 화상회의를 차단하기.

② Kick from space : 스페이스 내에서 선택한 참가자 쫓아내기. 다시 들어올 수는 있음.

③ Ban from space : 스페이스 내에서 선택한 참가자를 다시 못들어오게 차단함.

[그림21] 참가자관리

5 맵메이커 사용하기

지금까지는 스페이스에서 캐릭터를 사용하는 방법을 중심으로 설명하였다. 이번 장에서는 내가 직접 스페이스를 만들고 참여자를 초대하여 맵을 사용할 수 있도록 하는 방법에 대해 살펴보고자 한다. 이 때 사용하는 것이 맵메이커이다. 일반적으로 우리가 집을 짓는 것처럼 일정한 공간에 스페이스를 만드는 것인데, 바닥과 벽이 있고 가구배치도 하는 것으로 생각하면 된다. 건축에 대해 전문가라면 좀 더 쉽게 작업을 할 수 있을 것이다.

이제부터는 건축가처럼 예쁜 나만의 스페이스를 꾸며보도록 하자. 기존에 만들어진 스페이스를 이용하여 작업을 해도 되고 아무것도 없는 상태에서 작업을 진행해도 된다. [그림22]처럼 스페이스 Edit Map을 클릭하여 맵을 만들 수 있다.

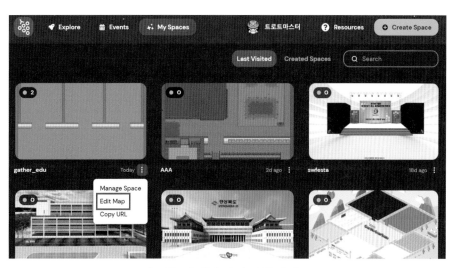

[그림22] 맵메이커 사용하기 1

[그림23]처럼 스페이스 화면에서 ①설정 ②스페이스 ③Space Customization ④Open Mapmaker를 클릭하여 작업을 할 수 있다.

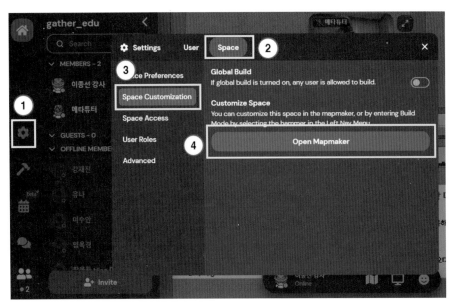

[그림23] 맵메이커 사용하기 2

스페이스 내의 망치를 클릭한 후 Edit in Mapmaker를 실행한다.

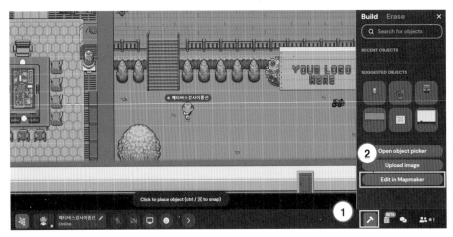

[그림24] 맵메이커 사용하기 3

1) 스페이스 만들기

맵메이커를 학습해보기 위해 우선 스페이스를 만들어보자. 개더타운에 로그인 후 화면 우측의 Create 버튼을 클릭하여 스페이스를 만든다. 템플릿을 아래 텍스트 Advancde setup for experts를 클릭한다. 여러 가지 템플릿 중 Blank 메뉴에서 *를 선택한다[그림25].

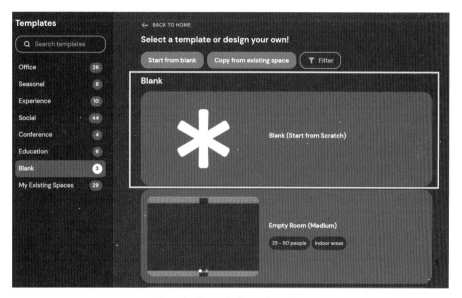

[그림25] 스페이스 만들기 1

우측 ①에 스페이스 이름을 영문으로 기입한다. 여기서는 간단하게 Test라고 해도된다. 패스워드는 활성화하지 않고 그대로 둔다. ②스페이스의 종류를 선택한다. ③이 활성화되면 클릭해서 실행한다.

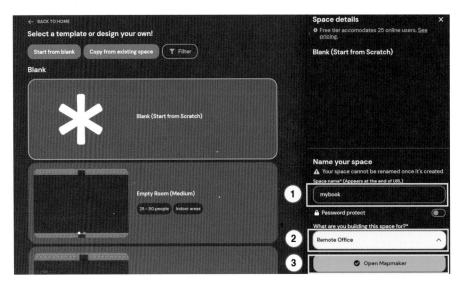

[그림26] 스페이스 만들기 2

2) 맵메이커 화면구성

① 도구 패널(도구 위에서 아래로 설명)[그림27]

- 화살표(Select) : 오브젝트나 타일을 선택할 때 사용한다(단축키 : V).
- 도장(스탬프,Stamp) : 선택된 오브젝트나 타일을 맵에 추가한다(단축키: B). 마우스를 누른채로 이동하면 타일에 연속적으로 오브젝트가 생긴다.
- 지우개(Eraser) : 잘못 놓아진 오브젝트나 타일을 선택하여 지울 수 있다(단축키:E). 개별삭제나 또는 마우스를 누른 상태로 이동시에는 연속삭제가 가능하다.

  손(Hand) : 화면에 보이는 캔버스의 위치를 이동할 때 사용한다.(단축키:H)
- 줌(Zoom in) : 캔버스 화면 확대하기(단축키 : Ctrl + 마우스 스크롤 업)
- 줌(Zoom out) : 캔버스 화면 축소하기(단축키 : Ctrl + 마우스 스크롤 다운)
- 취소(Undo) : 최근 작업한 것을 순서내로 취소(단축키 : Ctrl + Z)
- 복구(Redo) : 최근 취소한 작업을 순서대로 복구(단축키 : Ctrl + Shift + Z)

처음에는 도구모음의 표시로 진행하다가 익숙해지면 단축키를 사용해서 작업하면 훨씬 빠르게 작업을 할 수 있다.

② 상단메뉴패널
좌측부터 우측으로 설명해본다.
- Objects : 맵에 사용하는 데 필요한 개체들이다. 기본으로 책상,의자,게시판 등이 있다.
- Tile Effects : 타일효과,바닥에 깔아주는 타일이다. 타일에는 Impassable, Spawn, Portal, Private, Spotlight 등의 속성이 있다.
- Wall & Floors : 벽과 바닥을 만드는 데 사용한다.

③ 속성패널 : 오브젝트의 속성들을 지정할 수 있다. 오브젝트별 속성과 훨씬 더 많은 오브젝트들을 볼 수 있다.

④ Rooms 패널 : 룸을 여러개 만들 수 있다. 사무실로 예를 들면, 회의실,대표실, 총무과 등으로 오피스를 구분하듯이 맵을 만들어 연결할 수 있다.

⑤ 룸만들기 : Create a new room, 새로운 룸을 만들 때 사용한다.

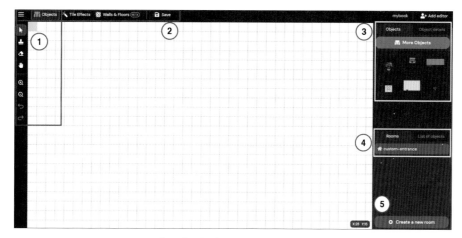

[그림27] 맵메이커 화면구성

3) 메뉴패널

① 메뉴패널은 5개의 서브메뉴로 구성되어진다[그림28].

- Go to Space : 현재 작업중인 스페이스에 참가하여 맵을 미리 볼 수 있다.

- Manage Space : 현재 작업중인 스페이스의 대시보드를 볼 수 있다.

- Help center : 게더타운의 공간을 디자인하거나 관리 등 도움말 페이지이다.

- Backgorund & Foreground : 배경이미지 및 전경이미지를 업로드하거나 다운로드 할 수 있다. 백그라운드 및 포그라운드 이미지는 직접 제작하여 업로드가 가능하다.

- Extension Settings : 확장팩같은 기능으로 비밀번호가 있는 문, 식물키우기 등이 있다.

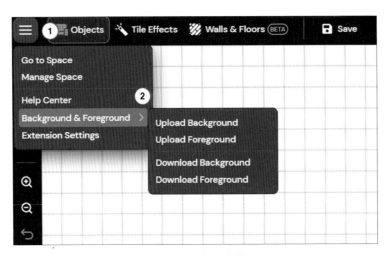

[그림28] 메뉴패닐

4) 오브젝트

오브젝트는 책상, 의자, 화분, 게시판, 가구, 장식, TV 등 다양하게 맵안에 배치할 수 있는 개체들을 말한다. 오브젝트에는 텍스트나 이미지들을 직접 제작하여 올릴 수 있다. 텍스트의 경우에는 다양한 효과가 제공되지 않아서, 이미지로 만들어 올리는 것이 더 보기가 좋다[그림29].

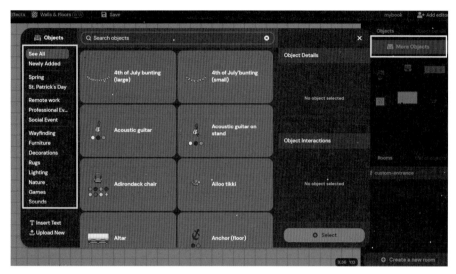

[그림29] 오브젝트

6 맵메이커 실제작업하기

맵메이커를 가지고 실제로 작업을 진행해보자.

1) Wall & Floor

새로 작업할 때에는 항상 베타라고 나온다. 그냥 yes라고 하고 작업을 진행하면 된다. 벽과 바닥은 마우스로 드래그 하여 꾸밀 수 있으며 잘못 선택된 경우에는 지우고 다시 작업을 진행하면 된다[그림30].

[그림30] 벽과 타일(Wall & Floor)

① Wall 은 벽이라고 할 수 있다. 집이나 사무실을 지으려면 먼저 골조가 되는 벽을 설치해야 한다. 바람과 비도 막고, 뜨거운 태양빛도 막으며 하나의 방이나 사무실 공간을 나누어 사용하려면 벽이 있어야 한다[그림31].

6가지의 예시 중 하나를 선택한 후 벽을 그릴 수 있다.

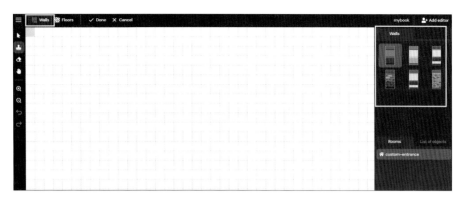

[그림31] Wall 꾸미기

② Floors 는 바닥이라고 할 수 있는 데 콘크리르 바닥도 있고, 대리석 바닥도 있다. 이처럼 바닥을 꾸며주는 것이다. 31개의 디자인 예시 중 하나를 선택하거나 여러개를 선택하여 바닥을 꾸밀 수 있다[그림32].

[그림32] Floor 꾸미기

[그림33]은 벽과 타일을 이용하여 작업을 해보았다.

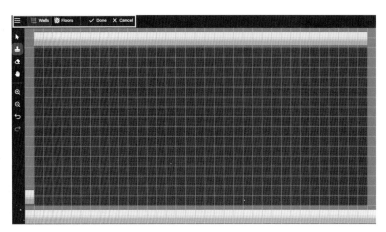

[그림33] 벽과 타일 꾸미기

2) Tile Effects

타일효과로는 5가지의 메뉴들이 있으며 캐릭터가 회의실을 이동하거나 룸을 이동할 수 있으며, Private 룸에서 대화를 할 수 있고 전체무대에서 인사도 할 수 있는 효과들을 주기 위해 사용하는 것이다[그림34].

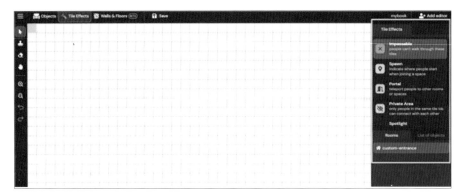

[그림34] 타일효과(Tile Effects)

일반적으로 바닥과 벽을 만들었다면 다음에 할 것은 타일 이펙트이다. 아래 이미지처럼 맨처음에 생성되는 캔버스라고 할 수 있다. 여기서 좌측 상단에 녹색타일이 있는데 우리는 이것을 스폰(spawn)이라고 부른다. 즉, 룸에 처음 들어왔을 때 위치하게 된다. 그런데 룸을 만들어서 별도의 스폰을 만들지 않으면 캐릭터가 갇히게 될 수 있다. 따라서, 이 스폰은 지우는 것이 좋다. 이 기준이 되는 시작점이 x:0 y:0 의 위치로 기준이 된다. 우측에 있는 요소들을 가지고 타일을 만들어보자, 참고로 타일 하나의 크기는 32픽셀(pixel)이니 디자인시 항상 염두에 두고 작업을 해야 한다.

(1) Impassable

Impassable는 캐릭터가 이동하는 도중 지나갈 수 없는 곳, 즉 통과할 수 없는 곳을 설정하는 타일이다. 즉, 벽을 만들었다고 해서 통과를 못하는 것이 아니므로, 앞에서 벽을 만들었다면 지나갈 수 없는 곳이라고 별도로 표시를 해주어야 한다. 물론 건물의 경우에도 지나갈 수 없는 곳이 있으므로 위치를 지정해주어야 한다.

[그림35] Impassable

타일 이펙트의 Impassable를 클릭하고 스탬프를 벽에 대고 마우스로 드래그하면 반투명의 빨간색 타일이 보이는 데 이렇게 색상이 칠해진 곳은 캐릭터가 지나갈 수 없다. 따라서, 책상이나 벽, 건물등을 캐릭터가 지나갈 수 없게 할 경우에 사용하면 된다.

(2) 스폰(Spawn)

룸을 만들었을 경우에 캐릭터는 룸의 어느 곳에 위치해 있어야 하는 데 처음에 캐릭터가 룸에 위치할 장소를 지정해주어야 한다. 스폰이 위치하는 곳을 룸의 적당한 자리에 위치하도록 해주어야 한다. 처음에 룸을 만들면 스폰의 위치가 좌측 상단 시작점이므로 여기에 벽을 만들면 캐릭터가 갈 곳이 없으므로 지우고 다른 위치에 나타나게 해주어야 한다. 색상은 녹색으로 표기가 되며 타일의 2개 정도를 선택해서 연결하는 게 좋다 만약에 동시접속자가 많다면 3~4칸 정도씩 띄어서 스폰의 위치를 잡아주는게 좋다. 동시에 한곳으로만 접속되지 않게 분산해서 위치할 수 있게 해줄 필요가 있다.

[그림36] 스폰(Spawn)

(3) 포털(Portal)

포털은 룸과 룸 또는 스페이스간에 이동을 하기 위해 만들어지는 타일이다. 오피스의 경우 회의실 룸과 사무실 룸이 만들어져 있다면 룸에서 룸을 이동하려면 포털을 통해서 이동하는 것이다. 포털을 만드는 방법은 하단의 Create a new room을 클릭하여 새로운 룸을 생성하면 된다. 양쪽의 룸에 포털을 만들어야 룸간의 이동이 가능하다.

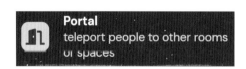

[그림37] 포털(Portal)

우측 아래의 Create a new room을 클릭하면 [그림38]과 같이 선택지가 나온다. 우선 첫 번째를 클릭하여 추가로 룸을 생성한다. 만들어질 룸의 이름을 영문으로 작성한다.

[그림38] 제작할 룸 선택하기

[그림39] 의 좌측 직접그리기를 선택한다.

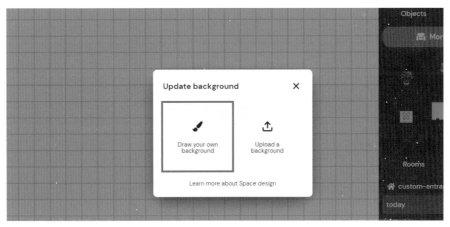

[그림39] 직접그리기 선택

Wall & Floors를 선택하여 룸을 만든다[그림40].

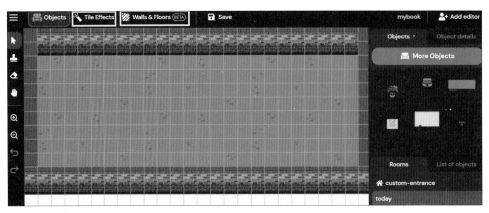

[그림40] 벽과 바닥그리기

custom-entrance에서 portal을 클릭하면 보라색의 타일이 나오면서 이동할 룸을 선택하라고 한다. 이번에 새로 만든 룸을 선택하면 된다. 포털의 경우 이렇게 이동할 룸의 적정한 위치의 타일을 선택하여 스탬프로 선택한다. 다시 원래의 룸에도 포털을 통해 입장할 수 있도록 스탬프롤 이용하여 타일을 선택해서 위치를 지정해 준다. 그러면, 캐릭터가 포털을 통해서 이동할 수 있게된다. [그림41]

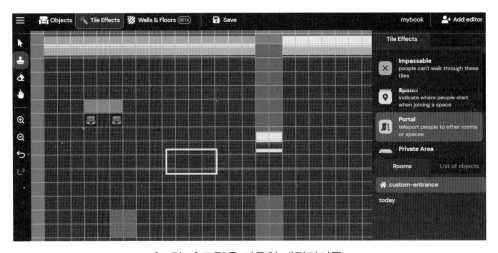

[그림41] 포털을 이용한 캐릭터이동

(4) Private Area

프라이빗 에어리어는 지정된 참여자들끼리만 대화를 하거나 회의를 할 수 있는 공간으로 사용할 경우에 설정하게 된다. 프라이빗 에어리어의 경우 ID 숫자를 넣어 만들게 되는데 1,2,3.. 순으로 지정해주면 된다. 선택된 타일에 마우스로 드래그하면 해당 ID 숫자와 함께 분홍색의 박스형태로 만들어진다. 개인적인 상담공간을 만들거나 화상회의를 할 경우 다른 팀과 분리하여 진행하려면 프라이빗 에어리어를 만들어 운영할 수 있다. 프라이빗 에어리어가 반드시 붙어있어야만 되는 것은 아니고, 운영자가 모니터링을 해야 할 경우에는 별도로 모니터하는 프라이빗에어리어 ID에만 있어도 대화를 듣거나 참여할 수 있다.

[그림42] 프라이빗 에어리어

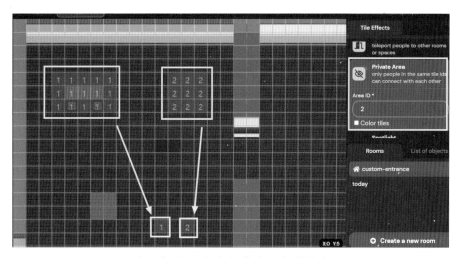

[그림43] 프라이빗 에어리어 만들기

(5) Spotlight 사용하기

스폿라이트(Spotlight)는 룸 전체 참여자에게 운영자가 공지하거나 들을 수 있게 할 경우에 필요하다. 게더타운은 사적공간들이 있거나, 거리가 멀면 대화를 할 수가 없지만 발표자가 스폿라이트에서 하는 말은 모든 참여자들이 들을 수 있다. 타일의 적정한 위치에 스폿라이트를 스탬프로 선택한다. 마우스로 클릭하면 하나씩 생기는데 해당영역은 주황색으로 표시가 되어 보여진다.

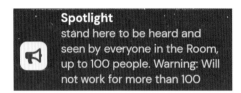

[그림44] 스폿라이트

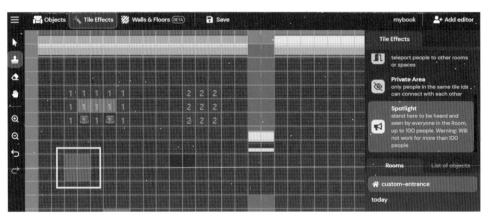

[그림45] 스폿라이트 만들기

사용자 화면에서도 보면 스폿라이트의 타일위에 올라가게 되면 우측 아래에 주황색 확성기가 보인다. 참여자가 스포라이트에 올라가 있다는 의미이다. 다시 내려가면 확성기가 보이지 않게된다.

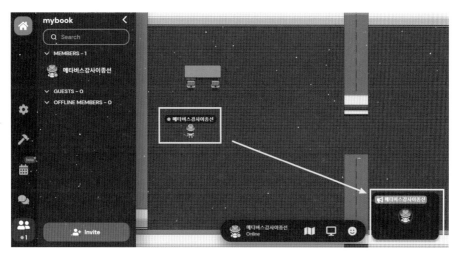

[그림46] 스폿라이트 확인하기

3) 오브젝트를 활용하여 맵구성하기

① 화면 우측에는 기본 오브젝트들이 있다. 책상과 의자, 보드, 화분 등이다.

만약에 의자의 배치나 책상의 배치방향을 변경하고자 할 경우에는 우측의 object details에서 변경작업을 할 수 있다. 의자의 색상이나 방향을 변경하여 배치할 수 있다[그림47].

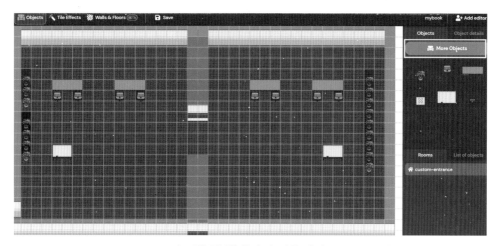

[그림47] 맵메이커 사용하기

② More Objects는 기본 오브젝트 이외에 훨씬 많은 오브젝트를 보여준다.

예를 들어 Whiteboard를 선택하게 되면 아래 이미지처럼 속성들을 넣을 수 있는 메뉴들을 보여준다. 상호작용을 하지 않을 수 도 있고, 웹사이트나 이미지, 영상 등을 임베디드하여 클릭시 보여줄 수도 있다.

화이트보드 이외에 전체 오브젝트들을 보려면 See All을 선택하면 된다.

만약, 글씨를 추가하고 싶으면 아래 T를 클릭하여 글씨를 직접 쓸 수도 있다.

좀 더 이쁜 이미지를 넣고자 할 경우에는 Upload New를 클릭하여 이미지를 원하는 곳에 넣을 수도 있다.

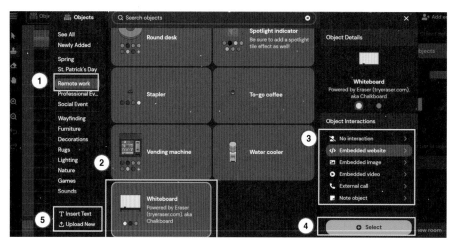

[그림48] 오브젝트사용하기

맵이 완성되었다면 이제 좌측 상단의 삼선을 클릭한다. Go to space를 클릭하면 로그인을 하라고 한다. 로그인하여 만들어진 맵을 사용해본다.

[그림49] 맵로그인

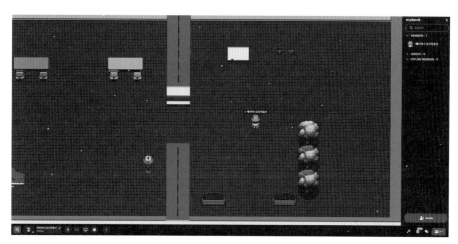

[그림50] 맵참여해보기

화이트 보드에 가까이 가면 노란색이 보이면서 상호작용을 할 수 있다.

[그림51] 상호작용하기

잠시 휴식을 위해 테트리스 게임도 즐길 수 있다.

[그림52] 테트리스 게임

게더타운의 집필 중 게더타운의 메인화면 메뉴가 좌측에서 화면 하단으로 이동되었습니다. 메뉴 사용법은 큰 차이가 없으니 양해해주시기 바랍니다.

◼ 아이코그램 사용하기

일러스트를 잘 하는 분들은 굳이 아이코그램을 사용하지 않고 직접 디자인하면 되지만 대부분 일러스트에 대해 잘 모르시는 분들이 3D처럼 보이게 하는 이미지가 필요한 경우 아이코그램을 이용하면 좀 쉽게 작업을 할 수 있어서 소개해보고자 한다. 국내프로그램이 아닌 외국의 프로그램으로 클라우드 기반으로 운영된다. 완벽한 3D가 아니고 템플릿 형태로 되어있어서 2.5D라고 부른다. 웹사이트는 icograms.com 으로 접속하면 된다. [그림53]

회원으로 가입하고 시작한다. 무료로 사용이 가능하지만 최대 8개, 이미지 업로드는 3개까지만 가능하다. 필자는 매월 유료로 지불하면서 사용하는 것을 선택하였다. 언제든 사용할 일이 없다면 종료할 수 있다.

1) 회원가입하기

[그림53] 아이코그램 사용하기

이메일로 회원가입을 한 후 로그인한다.

[그림54] 아이코그램 회원가입

아이코그램의 가격정책을 소개하니 참고하기 바란다.

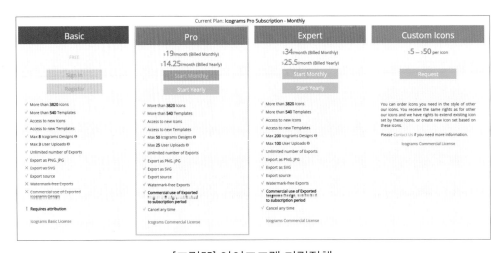

[그림55] 아이코그램 가격정책

로그인 후 가운데 있는 Get started 버튼을 클릭한다.

좌측 상단의 아이콘 아래 책장페이지 모양을 클릭한다. Create a new icogram 메뉴이다. 클릭하여 아이코그램의 사이즈를 입력한다. 디폴트 값은 1280*640이지만 크기는 프로젝트에 맞게 늘리거나 줄일 수 있다. 아래와 같은 캔버스가 나온다.

2) 아이코그램 사용하기

아래와 같이 빈 캔버스에 템플릿 이미지를 가져오거나 직접 디자인한 이미지를 업로드하여 작업을 할 수 도 있다.

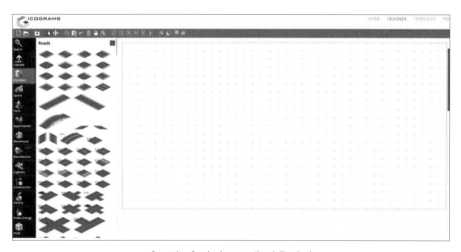

[그림56] 아이코그램 사용하기

(1) 상단메뉴 사용법

상단 메뉴는 좌측부터 설명하기로 한다[그림57].

[그림57] 아이코그램 메뉴사용법

- 새로 캔버스를 열어 디자인하는 것이다
- 기존의 아이코그램 디자인을 가져오는 것이다.
- 완성된 아이코그램 이미지를 다운받는다.
- 선택된 아이코그램의 위치를 이동하는 데 사용한다.
- 캔버스를 이동할 때 사용한다.
- 아이템을 선택하여 복사한다.
- 복사한 아이템을 붙여넣기 한다.
- 실행취소(Undo)버튼이다. 이전에 한 작업을 최근 순서대로 취소한다.
- 휴지통은 삭제버튼이다.
- 선택된 아이템의 잠금장치이다.
- 선택된 아이템들을 하나의 그룹으로 묶는다.
- 좌측 아래방향으로 아이템이 복사가 된다.
- 우측 아랫방향으로 아아템이 복사가 된다.
- 좌측 위방향으로 아이템이 복사가 된다.
- 우측 위방향으로 아이템이 복사가 된다.
- 위방향으로 아이템이 복사가 된다.
- 아래방향으로 아이템이 복사가 된다.
- 두 개의 아이템이 겹쳐 있을 경우 선택된 아이템을 뒤로 보낸다.
- 두 개의 아이템이 겹쳐 있을 경우 선택된 아이템을 뒤쪽으로 보낸다.
- 두 개의 아이템이 겹쳐 있을 경우 선택된 아이템을 앞으로 보낸다.
- 두 개의 아이템이 겹쳐 있을 경우 선택된 아이템을 앞쪽으로 보낸다.

(2) 좌측메뉴 사용법

좌측상단 메뉴부터 설명한다.

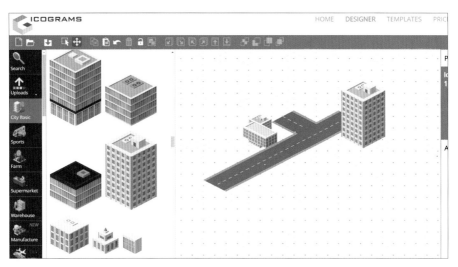

[그림58] 좌측메뉴 사용법

- Search(🔍) : 이미지를 찾기 위해 사용한다.
- Uploads(⬆) : 내가 제작한 이미지를 업로드 한다.
- City Basic(🏢) : 도시의 기본 아이템들이다.
- Sports ~ Winter(🎾 👤 🏔 🏢 등) : 각 카테고리에 맞는 아이템들이 있다.
- 작업방법은 아이템들을 선택하여 마우스로 우측 캔버스로 드래그하면 된다.
- 각 아이템별 사용방법은 위에 설명한 상단메뉴를 참고하면 된다.

(3) 상단우측메뉴

[그림59] 아이코그램 상단메뉴사용법

- Designer : 캔버스를 디자인하는 메뉴이다.
- Templates : 미리 만들어진 템플릿을 사용할 수 있다.
- Pricing : 가격정책에 대한 설명이다.
- Sign in : 사용자 로그인
- Register : 디자인등록하기이다.

(4) 아이코그램을 제작한 디자인을 다운받아서 게더타운의 백그라운드 이미지로 사용하면 2D이미지보다 깔끔하고 보기좋은 디자인으로 연출할 수 있다.

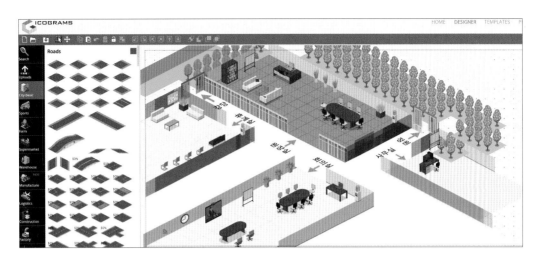

[그림60] 아이코그램 사용하기

〈참고자료〉

• 게더타운 튜토리얼

Section **5**

젭(ZEP)

젭(ZEP)

    젭(ZEP)은 제페토의 운영사인 네이버 제트와 바람의 나라 연을 개발한 게임사 슈퍼캣의 합작법인이다. 젭은 토트그래픽으로 완성된 공간과 쉽게 조작할 수 있는 캐릭터들로 접근성으로 높였으며, 웹기반으로 작동이 된다. 최대 5명만까지 같은 공간에 접속할 수 있다. 교보문고 라이브미팅, CJ 온스타일 블루클린웍스의 캠핑페어, 이화여자대학교의 멘토링 등 다양한 행사를 진행하였다. JTBC 드라마 기상청 사람들이 젭에서 워크샵을 진행하였으며 NFT 산업과 연계방안을 구상중이다. 젭에는 게임기능이 있다. OX 퀴즈와 초성퀴즈 등을 세팅해서 진행할 수 있다.

[그림1] 젭(ZEP)

젭(ZEP)은 한국판 게더타운이라 할 수 있다. 맵과 오브젝트들이 게더타운과 비슷하게 구성되어 있다.

메타버스 공간 내에서 젭은 게임과 회의를 제공하고, 함께 영상도 즐기며 직접 맵을 만들어 운영할 수 도 있다. 게더타운과 다른 가장 큰 특징은 아마도 맵과 오브젝트를 업로드하여 판매를 할 수 있는 시스템이라고 볼 수 있다. 게더타운과 비슷하며 한글로 구성되어 있어서 자세한 설명보다는 사용법 위주로만 설명을 한다. 젭의 홈페이지는 zep.us 이다. 모바일은 스토어에서 zep 라고 검색하여 설치하면 이용할 수 있다.

유저가 쉽게 이동하여 타인과 대화할 수 있으며, 여러 미디어로 상호 작용할 수 있는 가상 공간이다. 젭(ZEP)을 사용하면 실제 사무실, 교실, 사교 모임 및 비즈니스에 쓸 수 있는 가상 스페이스를 자유롭게 만들 수 있다.

팀원들과 온라인으로 작업하거나, 친구들과 어울리거나 가상 해변 파티를 주최하고 할 수 있는 모든 것을 위한 공간이 있다.

ZEP 플랫폼을 통해 유저들은 서로 대화하고 리액션을 보내며, 아바타를 꾸미는 등 여러 방식을 통해 자신의 개성을 표현할 수 있다. 또한 링크, 문서, 비디오 및 게임 기능 등 보다 다양한 기능을 사용할 수 있다. ZEP는 또한 공간 오디오 및 비디오 기능을 활용하여 아바타 간의 물리적 근접성을 시뮬레이션 하게 된다.

미리 디자인된 공간 중 하나를 선택할 수도 있고, 나만의 공간을 만들 수도 있다.

■1 사용자 계정만들기

1) 계정만들기

  ZEP 계정을 만들려면 홈페이지(zep.us)에서 스페이스 만들기 또는 나의 스페이스 목록을 클릭하기만 하면 된다. 팝업 창에서 Google 로그인 또는 이메일 주소로 로그인할 수 있다.

[그림2] 계정생성 및 로그인하기

[그림3] 로그인하기

2) 스페이스 만들기

계정이 생성되면 [그림2]의 + 버튼을 클릭한다. 템플릿들이 많이 준비되어 있다. 내가 만들고자 하는 템플릿을 선택한 후 클릭한다. 10인 사무실을 선택해보았다.

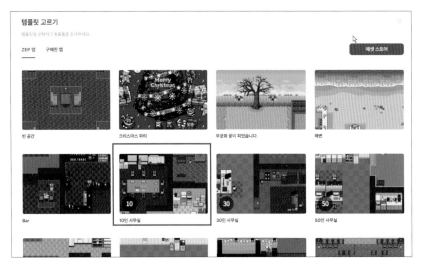

[그림4] 템플릿

space 이름을 만들라고 한다. 이름을 넣는다. 만약 비밀방으로 운영을 할 경우에는 비밀방 설정하기를 클릭한다. 본인이 Space 소유자인 경우, 화면 하단의 도구 모음에서 Space 설정을 눌러 언제든지 공개 설정을 변경할 수 있습니다.

[그림5] 스페이스설정

3) 스페이스 둘러보기

화살표 키 또는 WASD 키를 사용하여 키보드의 ZEP 스페이스 안에서 쉽게 이동할 수 있다. 키보드 대신에 마우스로 더블 클릭하여 이동하는 것도 가능하다.

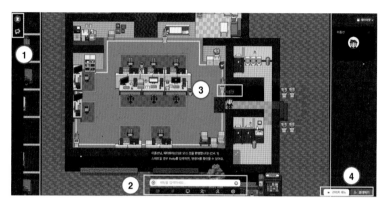

[그림6] 스페이스 둘러보기

① Z는 스페이스 나가기, 확성기 이미지는 공지사항을 알리는 데 사용한다.
② 좌측부터 순서대로 설명한다.
　- 비디오 활성화 및 비활성화, 오디오 활성화 및 비활성화이다.
　- 화면공유를 통해 이미지나 영상 등을 참가자와 공유할 수 있다.
　- 참가자의 의미로서 클릭하여 따라가기, 옷 따라입기, 알림주기, 메시지보내기, 스포트라이트 지정 및 해제, 시작위치로 보내기, 강퇴하기를 할 수 있다.

[그림7] 참가자보기

- 내 프로필을 클릭하면 아바타를 꾸밀 수 있다.
- 더보기를 클릭하여 오디와 비디오의 설정을 할 수 있으며 마이크의 에코나 배경음악의 볼륨 등을 조정할 수 있다.

③ 스페이스에 처음 도착했을 때의 위치이다.
④ 관리자메뉴와 초대하기 링크이다.

[그림8] 관리자메뉴

- 관리자 메뉴는 모든영상과 음성대화기능, 게스트의 임베드 비활성, 펀치알람 비활성화, 스태프에게 스포트라이트 활성화, BGM재생, 채팅지우기, 모든 임베드 지우기, 맵에디터 기능이 있다.
- 초대하기에는 초대링크 복사하기로 친구를 초대할 수 있다.

4) 유용한 기능들

[그림9] 유용한 메뉴

채팅 입력 란 좌측에 있는 + 버튼을 누르면 다음과 같은 기능 목록을 확인할 수 있다.

(1) 유튜브

유튜브를 클릭한 후 YouTube 링크를 붙여넣기만 하면 YouTube 동영상(또는 라이브 피드)을 스페이스에 쉽게 연결할 수 있다. 또한 키워드를 입력하여 팝업 창에서 바로 관련 동영상 검색 결과를 빠르게 검색할 수 있다. 영상이 삽입되면 아바타가 있는 위치에 YouTube 블록이 나타난다. 비디오 시청이 끝나면 블록 위의 X를 클릭하여 영상 링크를 제거할 수 있다.

(2) 이미지

이미지를 클릭한 후 하드 드라이브나 모바일 기기의 사진첩에서 이미지를 선택할 수 있다. 이미지가 삽입되면 아바타가 있는 위치에 이미지 블록이 나타난다. 이미지 작업이 끝나면 블록 위의 X를 클릭하여 이미지를 제거할 수 있다.

(3) 화이트보드

화이트보드를 클릭하면 도형과 텍스트, 이미지를 삽입하고 그림도 직접 그릴 수 있는 빈 메모장이 나타난다. 화이트보드 기능을 이용하여 다른 사람에게 아이디어를 공유하고 설명할 수 있다.

(4) 포털

포털을 배치하여 생성한 다른 스페이스 간에 빠르게 이동할 수 있다. 포털을 클릭하면 스페이스 목록을 보여주는 팝업 메뉴가 표시된다. 스페이스를 선택하면 아바타가 위치한 곳에 포털이 나타난다. 아바타 이동 후 포털로 돌아오면 다시 이동할 수 있으며 맵으로 가기 버튼이 표시된다. 다른 참가자들도 포털을 이용하여 순간이동할 수 있다. 일정 시간이 지나면 포털은 사용유무와 관계없이 자동으로 사라진다.

(5) 미니게임

미니게임을 통해 제공되는 게임 중 하나를 선택하여 참가자들과 다양한 게임을 할 수 있다. 버튼을 클릭하면 게임 목록이 나타난다.

- 라이어 게임 : 술래 한 명은 정답을 모른다. 협업하여 술래를 찾으면 된다.
- 초성 퀴즈 : 주어진 자음으로 정답을 맞히면 된다.
- 똥 피하기 : 하늘에서 내리는 똥을 피해서 마지막 생존자가 되어보자.
- 좀비 게임 : 좀비로부터 도망치기. 좀비 바이러스에 감염되지 않은 최후의 1인이 승리.

❷ 맵 에디터 사용법

맵 에디터를 통해서 내가 만든 스페이스를 취향대로 꾸밀 수 있다. 맵 에디터는 스페이스 우측 하단 관리자 메뉴 – 맵 에디터 버튼을 클릭하여 실행할 수 있다[그림10].

[그림10] 맵에디터

1) 상단툴바

상단툴바에디터 화면 상단 툴바를 통해서 다양한 콘텐츠를 삽입하고 지울 수 있다. 숫자 1~5, Q, W, E 의 키보드 단축키로 아래 기능들을 편하게 선택할 수 있다 [그림11].

(1) **도장(Q):** 바닥, 벽, 오브젝트, 타일 효과를 삽입한다. 우측 상단 '도장 크기'를 선택하여 한번에 여러개의 타일 또는 오브젝트를 설치할 수 있다.

(2) **지우개(W):** 바닥, 벽, 오브젝트, 타일 효과를 제거한다. 지우개는 바닥, 벽, 오브젝트, 타일 효과 등 각각 선택되어있는 것들만 지울 수 있다.

(3) **화살표(E):** 마우스 좌클릭 상태로 드래그를 하여 상하좌우로 움직일 수 있다.

(4) **되돌리기:** 맵 에디터 상에서 직전에 취한 행동을 취소한다. ctrl + Z키를 통해 실행할 수 있다.

(5) **다시하기:** 되돌리기 했던 행동을 다시 실행한다.

(6) **맵 크기 조정**: 클릭 시 맵의 너비와 높이의 값을 입력할 수 있는 팝업창이 나타납니다. 최대 타일 개수는 넓이와 높이 각각 512개가 넘지 않는 것을 권장한다.

[그림11] 상단메뉴

2) 타 일

(1) **바닥(1)**: 바닥에 배치할 타일의 종류를 선택할 수 있다. ZEP에서 바닥 한 개의 사이즈는 32px*32px 이다.

(2) **배경 음악 설정하기**: 자신의 컴퓨터에서 음원 파일을 선택해 배경 음악으로 설정한다.

(3) **배경화면 설정하기**: 맵을 업로드할 수 있다. 업로드 파일 형식은 JPG이며 최대 업로드 용량으로 10MB를 넘지 않도록 한다. (주의) 파일의 용량이 너무 크면 검정색 화면이 뜰 수 있고 해결방법은 용량을 낮추는 것이나. 맵 세작사는 모바일 환경에서도 문제가 없는지 확인해야한다.

(4) **앞화면 설정하기**: 앞화면을 설정하여 입체감을 표현할 수 있다.

(5) **벽(2)**: 지나갈 수 없는 벽 타일을 맵에 설치할 수 있다. 우측에서 벽 타일의 종류를 선택할 수 있다.

[그림12] 바닥상단메뉴

3) 오브젝트

우측 패널에서 오브젝트를 클릭 후 자유롭게 배치할 수 있다. 오브젝트는 마우스 기준 오른쪽 아래 방향으로 배치된다. 오브젝트가 없거나 부족하다면 에셋 스토어에 접속해 다양한 오브젝트를 구매하실 수 있다. 에셋스토어는 젭 메인화면에서 무료나 유료로 다운로드 받을 수 있다.

[그림13] 오브젝트

4) 오브젝트 설정

오브젝트를 맵에 설치한 후, 설치할 때 클릭했던 지점(가장 왼쪽 위)을 도장(Q)인 상태에서 다시 한번 클릭하면 오브젝트 세팅 팝업 창이 나타난다. 오브젝트 설정에서 유형을 지정하면, 오브젝트와 상호작용시 아래와 같은 효과를 줄 수 있다.

맵에서 유저는 키보드에서 F키를 눌러 효과를 가진 오브젝트와 상호작용 할 수 있다.

• 오브젝트 설정 유형

① 메세지 입력: 오브젝트와 상호작용 시 나타나는 메시지를 입력할 때 사용한다.

② 이미지 삽입: 오브젝트와 상호작용 시 보여주는 이미지를 삽입할 때 사용한다.

③ 비밀번호 설정: 오브젝트를 통과하기 위해 입력하는 비밀번호를 설정할 때 사용한다. (TIP) 실행할 동작에서 '개인에게만 사라지기'를 선택한 후, 타일효과의 '포털'을 동시에 활용하면 비밀번호를 가진 문을 맵에 설치할 수 있다.

④ 웹사이트 링크: 다른 탭에서 열리는 웹사이트의 링크를 열 때 사용한다.

⑤ 웹사이트 임베드: 오브젝트와 상호작용 시 웹사이트를 맵에서 보여줄 수 있다. 유튜브 영상의 경우 반드시 퍼가기 형태의 링크를 삽입해야 한다.

⑥ API 호출(POST): API CALL 시에 해당 URL로 아래와 같이 POST 요청을 날린다.

- Request param (Form data)
- name : 유저의 이름
- Response param (JSON)
- text : text 파라메터가 내려온 경우, 채팅창에 테스트 표시
- centerLabel : centerLabel 파라메터가 내려올 경우, 가운데 센터 라벨 표시

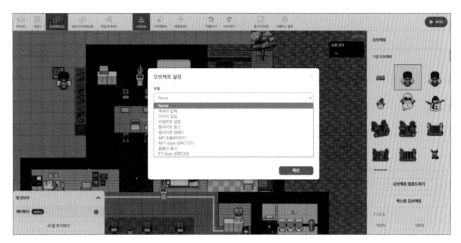

[그림14] 오브젝트 설정

5) 오브젝트 업로드하기

자신이 만든 오브젝트를 업로드 할 수 있다.

오브젝트 역시 실제 이미지의 크기가 아닌 타일의 정배수(32px*32px)로 사이즈를 맞추길 권장한다. 에셋 스토어에서는 타일 사이즈의 정배수가 아닌 경우, 오브젝트 업로드를 제한할 수 있다.(제한하는 경우 예시: 32px34px, 65px65px) 파일 형식은 PNG로 업로드 해야한다.

6) 텍스트 오브젝트

텍스트를 오브젝트로 입력할 수 있다.

7) 크기조절

오브젝트의 크기를 퍼센테이지로 조절할 수 있다.

8) 타일 효과

타일에 특별한 기능을 추가할 수 있는 효과 목록과 그에 대한 설정이 우측 타일 효과 패널에 나타나있다[그림15].

(1) **임패스어블**: 아바타가 지나갈 수 없는 타일을 설정한다.

(2) **스폰**: 아바타가 생성되는 포인트를 지정한다. 스폰 타일을 여러 곳으로 나누어 랜덤한 스폰지점을 만들 수도 있다.

(3) **포털**: 스페이스 내에 텔레포트를 만든다.

(4) **적용 스페이스**: 스페이스 내 연결할 다른 맵을 선택한다.

(5) **위치 이름**: '위치 이름'이 정해져있는 타일로 아바타를 이동시킬 수 있다. 단 반드시 '맵 로케이션' 타일 효과와 해당 타일의 '위치 이름'이 사전에 지정되어 있어야 한다.

(6) **표시 이름**: 플레이 화면에서 표시되는 포털의 이름이다.

(7) **숨기기**: 플레이 화면에서 포털을 숨긴 채 효과만 유지하여 비밀 공간을 만들거나 오브젝트의 비밀번호 기능과 함께 사용하여 패스워드 도어를 만들 수 있다.

(8) **바로 이동**: 'F키' 없이 바로 이동하게 만들 수 있다.

(9) **프라이빗 공간**: 비공개로 소통하는 영역을 지정한다. 해당 효과를 통해서 회의실 또는 카페의 좌석 공간 등을 구현할 수 있다. ID로 서로 호환되는 공간을 지정할 수 있다.

(10) **스포트라이트**: 스포트라이트 지역을 지정한다. 스포트라이트 지역에 아바타가 올라갈 경우, 맵 전체 지역에 자신의 영상/화상/채팅이 공개된다. (주의) 스포트라이트 지역을 지나치게 설치하여 너무 많은 사람들이 사용할 경우, 스페이스에 지체 현상이 걸릴 수 있다. 30개 이하로 설정할 것을 권장한다.

(11) **웹 링크**: 타일에 웹사이트가 열리는 포털을 설치한다.

(12) **맵 로케이션**: 타일에 이름을 지정할 수 있다. 포털 타일과 함께 사용하여 지정된 위치로 아바타를 이동시키거나, Zep 스크립트로 동작하는 특수한 영역을 지정할 수 있다.

(13) **배경 음악**: 타일에 배경 음악을 삽입한다.

(14) **웹 임베드**: 타일에 웹 화면을 불러올 수 있다. 웹 링크를 삽입하는 기능과 달리 해당 기능은 스페이스 입장 시 지정된 타일에 삽입된 링크가 바로 열린다. 타일에 삽입하는 링크 또한 퍼가기 형식이어야 한다.

(15) **웹 포털**: 외부 웹으로 가는 포털을 설치한다. 사용자 브라우저에서 새로운 탭이 열리게 되며, 링크를 삽입하지는 않는다.

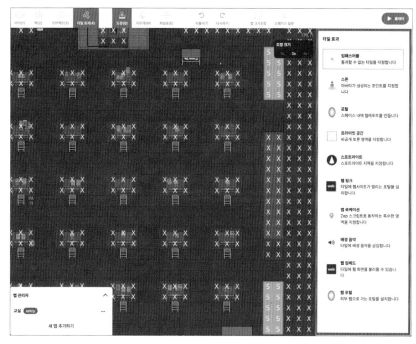

[그림15] 타일효과

9) 맵관리자

맵 관리자는 맵 에디터 화면 좌측 하단에 나타난다.

맵 이름 우측에 있는 entry 버튼이 보일 경우 해당 맵이 입장 맵임을 알 수 있다. 입장 맵은 스페이스의 기본 레이어가 되는 맵이며 삭제될 수 없다.

같은 스페이스 내 여러 맵이 생성되어 있는 경우 맵 관리자 상단 우측 화살표(^)를 클릭하여 전체 맵 목록을 볼 수 있다. 맵 편집을 위해 맵을 선택할 경우 맵 목록이 축소된다.

각 맵의 우측 끝에 있는 설정 버튼을 누르면 두 가지 옵션이 나타난다.

맵이름을 수정하려면 우측의 설정을 클릭하여 수정하기 버튼을 이용하면 된다.

[그림16] 맵관리자

10) 맵삭제하기

스페이스에 현재 보이는 맵을 삭제할 수 있다. 기본 레이어가 되는 맵은 삭제할 수 없으며, 삭제하기 클릭 시 삭제 확인 팝업 창이 나타난다.

❸ 에셋스토어

크리에이터는 나만의 창의적인 콘텐츠를 만들어 에셋 스토어에 등록할 수 있다. 등록된 에셋이 판매되면 수익을 발생시킬 수 있어 양질의 콘텐츠가 유입되는 건강한 창작 생태계가 조성될 것으로 기대된다. 사용자는 젭에서 구축하고자 하는 공간의 목적에 맞는 아이템을 에셋 스토어에서 구매할 수 있다. 이를 통해 본인만의 특별한 메타버스 세계를 만들 수 있다(출처 : 게임톡).

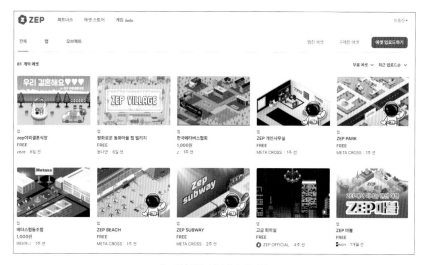

[그림17] 에셋스토어

에셋스토어에서 맵 또는 오브젝트를 무료나 유료로 다운로드를 받아 스페이스를 구성하거나 오브젝트를 추가할 수 있다.

[그림18] 에셋스토어 오브젝트

특히, 에셋업로드하기 버튼을 클릭하여 에셋을 업로드할 수 있는데 무료나 유료로 업로드 할 수 있다. 에셋업로드는 내가 만든 맵을 무료로 공유하거나 유료로 판매도 가능하다. 오브젝트도 유로나 무료로 업로드하여 크리에이터들의 생태계를 조성하고 있다고 볼 수 있다.

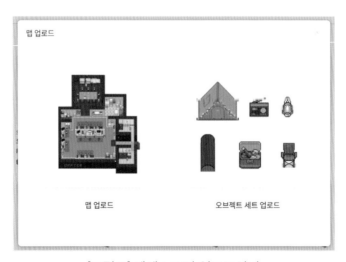

[그림19] 에셋스토어 업로드하기

4 젭관련사이트

1) 블로그

젭 이용가이드와 활용가이드 이용꿀팁과 업데이트 내용을 올려놓았다.

- https://blog.naver.com/zep_business

2) 인스타그램

젭의 활동사항을 올려놓았다.

- https://www.instagram.com/zep.us_official/

3) 트위터

신속하게 뉴스를 제공한다.

- https://twitter.com/HelloZEP

4) 가이드북

젭 사용방법에 대한 웹안내서이다.

- https://docs-kr.zep.us/

〈참고자료〉

- 젭가이드북(https://docs-kr.zep.us/)

Section **6**

오비스(oVice)

오비스(oVice)

[그림1] 오비스

　코로나 팬데믹으로 많은 기업과 직원이 재택근무를 하고 있다. 메타버스는 가상현실에서 현실세계와 같은 사회, 경제, 문화 활동을 할 수 있는 공간인데 사무공간을 중심으로 한 메타버스 플랫폼으로는 오비스가 대표적이다.

　실질적인 사무 공간이 아닌 가상공간에서 재택근무를 하는 것은 이제 새롭거나, 낯설지 않다. 우리회사 직원도 육아와 업무를 병행하다 보니 줌 회의나 메신저를 이용한 업무 협의가 많았다. 다만, 이 경우에는 근태관리와 회의, 협업 등에서 효율적인 업무 처리는 기대하기 어렵다.

　메타버스 플랫폼, 오비스는 가상공간에서 현실 상황에 맞춰 업무에서 발생 가능한 다양한 상황을 합리적이고 효과적으로 이용하도록 하는 기능에 집중한 플랫폼이라 할 수 있다.

재택 근무시 오비스를 활용하면 직원이 얼굴을 공개하지 않아도 되고, 간단한 홈페이지 접속 만으로 자신이 원하는 위치에서 온라인으로 업무를 처리하는 것이 가능하다. 회사 입장에서는 기본적인 근태관리, 회의, 외부미팅도 가능하고 협업이 효율적이다.

오비스는 홈페이지 입장하기 버튼만으로 가상공간 데모접속이 가능하다. 일본에서 개발된 오비스의 기술기반은 프론트엔드 Vue+webrtc이며 데이터 전송시 데이터 무게에서 오는 지연을 최소화한 노력도 돋보인다.

오비스의 특징을 설명하자면 첫째로 유연한 커뮤니케이션이다.
내 아바타와 상대의 아바타 거리에 따라 목소리 크기가 달라진다. 가까운 경우에는 크게 들리고 멀수록 작게 들린다.

또한 장소를 이동 할때는 키보드 방향키를 사용하거나, 클릭만으로도 간편 이동이 가능하다. 마우스를 도착하고자 하는 거점에서 클릭하게 되면 내 아바타가 자연스럽게 움직여준다.

둘째로 오비스는 상황 맞춤형 회의가 가능하다.
자신의 화면을 공유하거나, 화상통화를 바로 할 수 있다. 자료공유가 필요하거나, 대면 회의가 필요한 경우에는 대부분 사이트 내부에서 쉽게 진행 가능하다.

세 번째로 독립 공간이 마련되어 참석자끼리 개별 소모임도 가능하다. 회의나 사적 담소 등을 나누기에 제격인 공간을 별도 갖추고 있다.

네 번째로는 속삭이듯 말하는 귓속말 기능이 있다. 본인이 원하는 상대의 아바타를 클릭하거나, 채팅장에 멘션 기능@사용자 이름을 적고 채팅을 시작하면 그 채팅은 지정한 사람외에 다른 사람에겐 들리지 않는다.

다섯 번째로 투어공간에 1:1 가이드가 상근한다.

가이드가 가상공간에서 사용법을 1:1로 진행해 줘서 궁금하거나 문제 상황 해결에 도움을 준다. 아무래도 업무용임을 감안하여 상주 시간은 9 to 6 타임대에 가능하다.

활동 중 공간에 갇히거나, 진행 방법을 모르는 경우 우측 하단 고객센터에 아이콘을 클릭하면 가이드가 나타나 문제 상황을 해결해 준다.

이외에도 원하는 위치에서 유튜브 영상이나 글을 공유해서 함께 시청한다거나, 자료를 공유하는 등의 다양한 기능을 보유하고 있다.

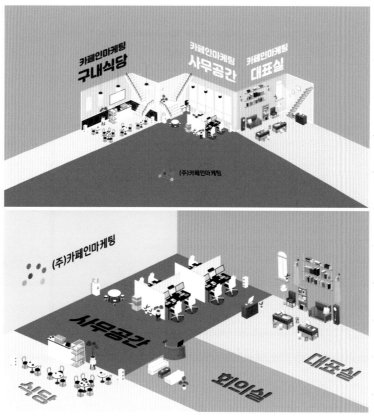

[그림2] 오비스 기업관 제작 예시(카페인마케팅 기업관)

■ 오비스 시작하기

1) 접속하기

오비스는 컴퓨터(PC) 사용을 권장하고, 구글 크롬이나 MS 엣지 브라우저로 접속한다.

2) 회원가입 및 로그인

https://app.ovice.in/register 이 링크를 통해 회원가입을 진행한다.

① 이름, 메일 주소, 비밀번호를 작성하고 가입하기 버튼 클릭

[그림3] 회원가입 및 로그인

② 메일함에 있는 인증 메일을 확인하신 후 Verify Email Address 버튼을 클릭하면 정상적으로 회원 가입이 완료된다.

[그림4] 회원가입 완료

③ 정해진 가상 공간 링크에 들어가 로그인

[그림5] 로그인

3) 아이콘 위치 및 설명

좌측 상단의 아이콘은 기본메뉴로 ①아바타 설정 ②사람 찾기/확인 ③스케줄 등록 ④관리자 메뉴로 이루어져 있다.

하단의 아이콘들은 기본도구이다. ⑤채팅창 ⑥음성채팅 on/off ⑦부재중 모드 ⑧플러그인 기능 모음 ⑨공간나가기로 구성되어 있다.

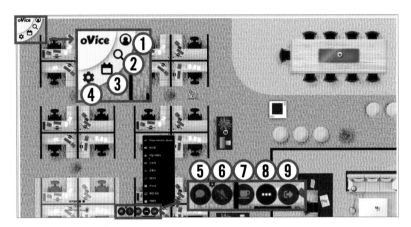

[그림6] 아이콘 위치 및 설명

4) 대부분의 이슈를 해결하는 방법

[F5] 버튼을 클릭, Mac 사용자는 [Command + R] 버튼 클릭

❷ 기본 기능

1) 기본 조작

(1) 아바타 이동하기

① 이동하고자 하는 지점을 마우스로 클릭한다.

② 같은 곳을 한 번 더 클릭하면 아바타가 이동한다.

〈Tip〉

아바타를 드래그 앤 드랍 해보면 기본 방법보다 조작이 더 단축된다. 클릭으로 움직이면 내가 도착하는 지점에 인터랙션이 있을 경우에만 회색 원이 잠깐 나타났다가 사라진다. 반면 아바타를 드래그 앤 드랍을 하면 공간 안에 있는 모든 인터랙션 범위가 회색 원으로 나타난다.

(2) 음성으로 말 건네기

① 말을 하고 싶은 상대방 근처로 이동한다.

② '스페이스바'를 누르거나 '화면 하단에 위치한 마이크 아이콘'을 눌러 음소거를 해제한다.

③ oVice는 현실감 있게 사람들이 의사소통 할 수 있도록 발화환경을 구현했다.

(3) 채팅하기

기본 화면창에서 키보드의 'Enter'를 누르거나 화면 하단의 '말풍선 아이콘'을 클릭하면 채팅을 할 수 있다.

(4) 기능 별 아이콘 위치 및 설명

① 사람 모양 아이콘을 누르면 본인의 프로필을 작성 할 수 있다.

② 돋보기 모양 아이콘을 누르면 접속한 사람들을 관리할 수 있다.

③ 달력 모양 아이콘을 누르면 다른 사람들과의 약속을 회의실에 예약할 수 있다.

④ 설정 아이콘을 누르면 oVice공간과 관련된 여러가지 설정을 할 수 있다.

(5) 가상 공간 입장하기

① 마이크 및 카메라 권한 허용

② 입장하기

2) 프로필 설정

(1) 프로필 설정 들어가기

클릭 한번으로 편리하게 프로필 설정을 할 수 있다.

[그림7] 프로필 설정 들어가기

(2) 프로필사진 바꾸기

원하는 사진으로 재미있게 프로필을 꾸밀 수 있다.

① 자신의 아바타를 클릭하면 프로필 화면이 활성화 된다.

② 상단의 프로필 사진을 클릭한다.

③ 원하는 사진을 신택하고 저장 버튼을 누른다.

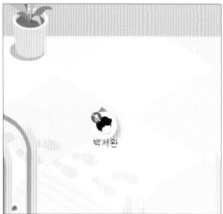

[그림8] 프로필 사진 바꾸기

(3) 유저네임 바꾸기

① 자신의 '아바타'를 클릭해 프로필 화면을 연다.

② 원하시는 유저 네임을 입력하고 '저장' 버튼을 누른다.

[그림9] 유저네임 바꾸기

(4) 언어설정 바꾸기

① 자신의 '아바타'를 클릭하면 프로필 화면이 활성화 된다.

② 한국어, 영어, 프랑스어, 일본어 네 가지 언어 중 하나를 골라 '저장' 버튼을 누른다.

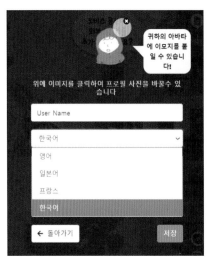

[그림10] 언어설정 바꾸기

(5) 상태표시 설정하기

① 자신의 '아바타'를 클릭하면 프로필 화면이 활성화 된다.

② 프로필 이미지 오른쪽 상단의 '상태표시 선택창'을 누른다.

③ 원하는 이모지를 선택한 후 '저장' 버튼을 누른다.

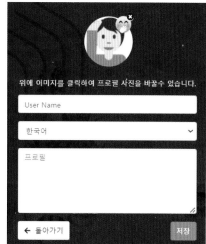

[그림11] 상태표시 설정하기

(6) 프로필 설명 작성하기

① 자신의 '아바타'를 클릭하면 프로필 화면이 활성화 된다.

② '프로필'란에 원하시는 프로필 설명을 작성하고 '저장' 버튼을 누른다.

[그림12] 프로필 설명 작성하기

3) 마이크 및 카메라 설정

(1) 마이크 환경 세팅

① 화면 하단의 마이크 아이콘을 누르면 '음소거 해제'를 할 수 있다.

② 마이크 아이콘 왼쪽 상단의 '설정 아이콘'을 누르면 마이크 변경, 음량 조절을 할 수 있다.

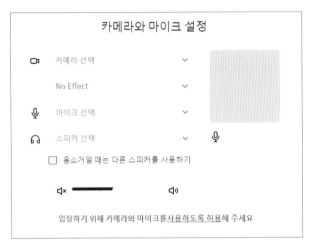

[그림13] 마이크 환경 세팅

(2) 카메라 환경 세팅

• 기본 방법

① 화면 하단의 '더보기' 아이콘을 클릭해 '미팅카메라'를 켠다.

② 화면 하단에 새로 생성된 '비디오 카메라' 아이콘을 누르면 카메라가 켜진다.

[그림14] 카메라 환경 세팅

4) 대화 알림 설정하기

(1) 알림 권한 설정

• 기본 방법

① 크롬 브라우저 주소창(URL)을 확인해보면 자물쇠 아이콘이 있다. 이를 클릭
   하여 알림 권한을 허용한다.

② 알림 발동 조건이 충족될 경우, 크롬 브라우저에서 알림이 온다.

[그림15] 알림 권한 설정

(2) 알림 발동 조건

① 알림 기능은 크롬 브라우저에서만 제공하며, 알림에 대한 기준은 1분마다 새로고침 된다.

② 오비스에서는 각 가상 공간마다 알림 조건을 다르게 설정할 수 있다.

③ 이용자가 오비스 가상 공간 화면이 아니라 다른 탭을 보고 있을 때

④ 상대방이 말을 걸어오면 크롬 브라우저에서 알림이 온다.

    – 누군가 가까이 다가와 마이크를 키고 말을 걸어오거나

    – 누군가 나를 '@멘션' 하여 귓속말 채팅이 왔을 때

5) 초대하기

(1) 가상 공간 종류

오비스 가상 공간은 오픈형(=공개형), 멤버전용(=폐쇄형)으로 나뉜다.

(2) 가상 공간으로 초대하기

〈오픈 공간일 때〉

• **기본 방법**

① 초대하고 싶은 사람에게 가상 공간 링크를 보내면 끝난다.

[그림16] 가상 공간 링크 보내기

② 예를 들어, 한국 오비스 공식 홈페이지 https://tour-kr.ovice.in/ 을 누르면 바로 접속할 수 있다.

〈멤버 전용 공간일 때〉
· **기본 방법**

현실에서 오피스 방문자가 입장 전 라운지에서 기다리는 것처럼 오비스에서도 이용자는 로비페이지에서 기다린다. 초대를 받은 이용자가 멤버 전용 가상 공간을 입장하기 위해 로비페이지에서 해당 공간의 멤버 및 관리자에게 입장 허가를 요청한다.

① [계정이 있을 경우]에는 로그인 하여 입장한다.
② [계정이 없을 경우]에는 '도어벨'을 눌러, 안에 있는 멤버들에게 알림을 준다.
　[해당 공간 안에 아무도 없을 경우]에는, '도어벨' 버튼이 활성화되지 않는다.
③ [멤버 및 관리자가 입장 허용을 해 줄 경우]에는 자동으로 페이지가 새로고침 및 입장된다.

[그림17] 방문자 화면

① [도어벨이 울릴 경우]에는 이용자가 입장할 공간을 선택하여 방문자의 입장을 허락한다.
   - 방문자가 오픈 스페이스로 입장하면, 가상 공간 전체를 돌아다닐 수 있다.
   - 방문자가 지정 회의실로 입장하면, 회의만 참석할 수 있다.
② 멤버 권한을 부여하고자 한다면 [전용 멤버 및 관리자 권한 설정하기] 페이지에서 확인할 수 있다.

[그림18] 멤버 및 관리자 화면

〈회의실로 바로 초대하기〉
• 기본 방법
해당 아이콘을 통해 링크 공유가 가능하다.

① 페이지에서 회의를 스케줄링하는 방법을 안내하고 있다.
② 예약된 회의실 공간 링크를 복사하여 상대방에게 공유한다.
   - 스케줄링된 미팅 시간보다 이전에 링크를 통해 입장할 경우에는, 에러 메세지가 나타날 수 있다.

[그림19] 회의실로 바로 초대하기

6) 다른 가상 공간 이동

(1) 다른 공간으로 이동하기

• 기본 방법

① 화면 하단에 있는 아이콘 중 제일 오른쪽에 있는 로비로 이동 버튼을 클릭
한다.

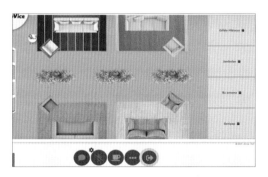

[그림20] 다른 공간 이동 기본 방법

7) 다른 사용자 위치 찾기

① 다른 이용자 위치 찾기

• 기본 방법

① 채팅창에 '@'에 찾고자 하는 이용자의 'username'을 입력한다.

② 특정 이용자를 채팅창에서 태그했을 경우 해당 이용자의 위치로 화면이 자동 포커스된다.

  * 이용자를 올바르게 태그했을 경우에 '@username'이 채팅창에서 파란색으로 입력된다.

[그림21] 다른 이용자 위치 찾기 기본 방법

• 이런 방법도 있어요

① 왼쪽 상단에 오비스 로고를 클릭한뒤, 활성화된 아이콘 중 '돋보기'를 클릭한다.

② 사용자 리스트 중 위치를 찾고자 하는 이용자를 클릭한다.

③ 해당 이용자의 아바타 주위로 '빨간색 원'이 나타나며, 화면이 포커스된다.

8) 화면 조절하기

(1) 팝업창 화면 조절하기

• 기본 방법

오른쪽 상단에 나타난 팝업창의 크기 및 위치를 조절할 수 있다.

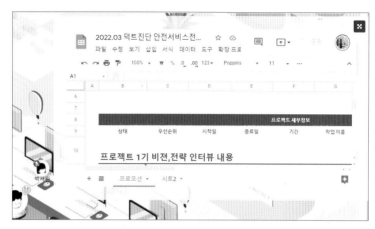

[그림22] 팝업창 화면 조절 방법

❸ 커뮤니케이션을 위한 기능

1) 채팅으로 대화하기

(1) 전체 채팅하기

화면 하단에 채팅창을 클릭하여 메시지를 작성하고 보내면 말풍선이 뜬다.

① 오비스화면 하단의 채팅 아이콘 클릭

(키보드 단축키 : Enter를 누르면 바로 채팅창이 나타난다.)

② 메시지를 작성하고 종이비행기 아이콘을 클릭하여 메시지를 보낸다.

(윈도우 이용자 키보드 단축키 : ctrl + Enter를 누르면 메시지를 발송한다. Mac 이용자 키보드 단축키 : command + Enter를 누르면 메시지를 발송한다.)

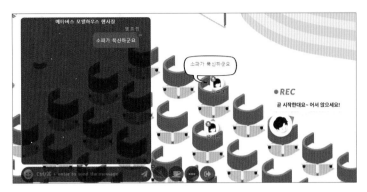

[그림23] 전체 채팅하기

(2) 귓속말하기

기본 방법으로 채팅창에 @username을 입력하고 발송하면 귓속말을 할 수 있다.

① 특정인에게 메시지를 보내고 싶다면 '@ + 유저이름'을 타이핑한 후 메시지를
  입력한다.
② 이용자가 올바르게 선택되었을 경우에는 @유저이름 파란색 글씨로 나타난다.

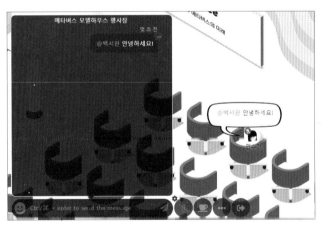

[그림24] 특정인과 귓속말 하기

(3) 전체 공지하기

채팅창에 @all 을 입력하면 해당 공간에 있는 전체 이용자에게 채팅 알림이 간다.

① 채팅창을 열어 @all 태그를 추가한 뒤, 메시지를 발송한다.

② 해당 공간에 있는 모든 이용자에게 채팅창이 열리며 메세지가 노출된다.

[그림25] 전체 공지

2) 이모티콘 활용하기

(1) 이모티콘 활용하기

대화에 재미를 더할 수 있는 다양한 이모티콘과 단축기능으로 상대방에게 실감나는 리액션을 보낼 수 있다.

① 오비스 화면 하단의 채팅 아이콘을 클릭한다. (키보드 단축키: Enter)

② 메시지 창 속의 이모티콘 아이콘을 누른다.

③ 원하는 이모티콘을 클릭한다.

④ 종이비행기 모양의 아이콘을 눌러 이모티콘을 보낸다.

　(윈도우 이용자 키보드 단축키: Ctrl+Enter 를 누르면 메세지를 발송한다.)

　(Mac 이용자 키보드 단축키: Command+Enter 를 누르면 메세지를 발송한다.)

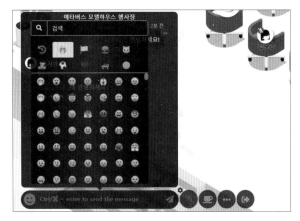

[그림26] 이모티콘 활용하기

(2) 이모티콘 단축키

몇몇 이모티콘은 채팅창에 입력하지 않고 바로 사용할 수 있다.

• 박수치기

발표가 끝나고 박수를 칠 때 이용한다.

① 한영 키를 눌러 입력 상태를 영문으로 설정한다.

② 박수를 의미하는 clap을 입력한다.

③ 아바타 오른쪽 상단에 clap을 온전히 입력했을 경우, 박스 이모티콘과 함께 박수소리가 울려 퍼진다.

[그림27] 박수치기

3) 자리비움 표시하기

(1) 부재중 상태 표시하기

① 화면 하단의 커피잔 아이콘을 클릭한다.

② 오피스 복귀하기 버튼을 누르면 원래 있던 위치로 돌아온다.

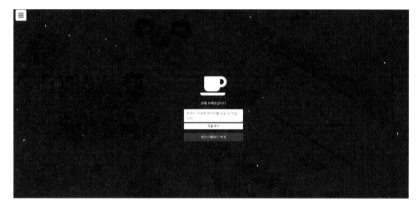

[그림28] 부재중 상태 표시하기

4) 회의실 이용하기

(1) 회의실 입퇴장하기

오픈 공간에서 이야기를 나누기 민감한 주제들이 있을 때 독립 회의실 공간을 이용할 수 있다.

• 회의실 입장 방법

① 회의실에 들어가고 싶다면 마우스로 회의실을 한 번 클릭한다.

② 입장하게 되면, 화면이 어두워지며 오른쪽 상단 화면에 회의 참석자 리스트가 표시된다.

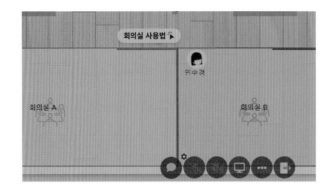

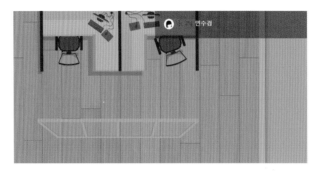

[그림29] 회의실 입장 방법

(2) 회의실 퇴장 방법

① 회의실에서 나가고 싶다면 화면 하단의 아이콘들 중 떠나기를 누른다.

② 기존의 오비스 화면으로 돌아오게 된다.

[그림30] 회의실 퇴장 방법

(3) 잠긴 회의실 입장하는 방법

① 위 경우를 실행하는 이용자는 반드시 권한이 관리자이어야 한다.

② 관리자 페이지에 접속한다.

③ 회의실 탭을 클릭한다.

④ 입장하려고 하는 회의실의 설정을 (잠금 → 잠금 해제)로 변경하고 저장한다.

⑤ 자물쇠가 사라진 회의실을 보고 입장한다.

회의실 관련 관리자 페이지를 더욱 알고 싶다면 @제목 없음 페이지를 확인한다.

[그림31] 잠긴 회의실 입장하는 방법

• 원하는 화면 확대해서 보기

① 확대해서 보고 싶은 화면을 제외하고, 나머지 화면들을 클릭한다.

② 클릭하는 화면은 축소되어, 스크린 왼쪽 하단에 작은 모양으로 배치된다.

③ 스크린 왼쪽 하단에 배치된 작은 화면들을 클릭하면, 다시 해당 화면이 커진다.

 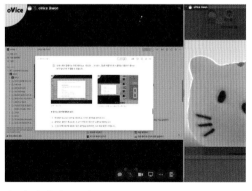

[그림32] 원하는 화면 확대해서 보기

(4) 회의실 설치 및 변경

오비스에서 모든 회의실은 인원 제한이 있다. 가로2 × 세로2 크기의 회의실은 총 4명이 입장할 수 있다. 1개의 블록은 1개의 아바타가 입장할 수 있는 공간 크기를 의미한다.

이용 중인 가상 공간 크기 안에서 회의실을 원하는 개수만큼 설치할 수 있다.

즉, 회의실에 이용되는 전체 블록의 개수는 주어진 가상 공간의 블록 개수를 초과할 수 없다.

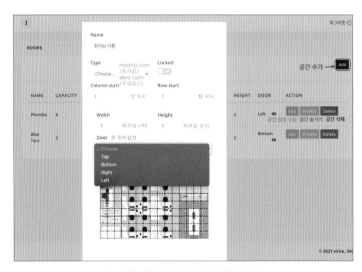

[그림33] 회의실 설치 및 변경

5) 화면 공유하기

(1) 화면 공유하기

대화를 하며 화면공유 기능을 쓰면 동시에 여러 화면을 공유해 볼 수 있다

① 화면 하단에 위치한 ⋯ 메뉴 아이콘을 누른다.
② 화면공유 버튼을 누른다.

③ 전체 화면, 사용자가 열어둔 윈도우 또는 탭을 공유할 수 있다. 공유를 원하는 설정(화면)을 선택한 후 공유 버튼을 눌러준다.

* 탭을 공유하실 때 '오디오 공유' 버튼을 눌러야 탭에서 발생하는 소리를 함께 공유할 수 있다.

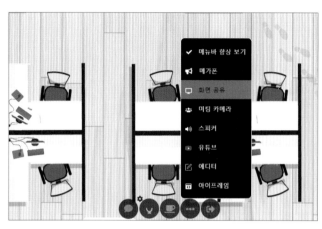

[그림34] 화면 공유하기

(2) 화면 함께 공유하기

① 화면을 공유하고 있는 이용자의 아바타와 선으로 연결된 '스크린 아이콘'을 먼저 클릭한다. '스크린 아이콘'을 클릭하면 해당 아이콘과 선으로 연결된다.

② 스크린 아이콘과 연결된 상태에서 나의 화면을 공유한다. 복수의 화면들을 함께 공유하기 위해서는 먼저 화면을 공유하고 있는 아바타와 연결된 '아이콘'을 클릭하여 선으로 연결되어야 한다.

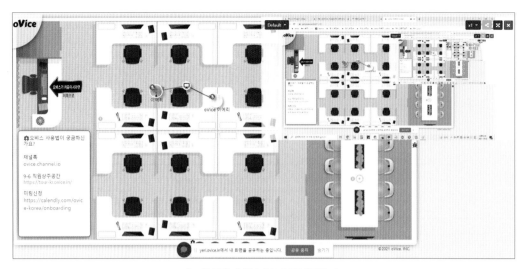

[그림35] 화면 함께 공유하기

6) 화상 회의하기

(1) 화상 회의 시작하기

사람들과 얼굴을 보며 이야기를 나누고 싶을 때, 화상 회의 기능이 준비되어 있다. 상대방이 이미 화상 회의를 하고 있다면, 가까이 갔을 때 자동으로 상대방 모습이 나타난다.

• 기본 방법

① 화면 하단에 위치한 … 메뉴 아이콘을 누른다.

② '미팅 카메라' 버튼을 클릭한다. 그러면 가상 공간에 '미팅 카메라' 아이콘이 설치되며, 내 아바타와 선으로 연결된다. [화상 회의 기능이 활성화된 경우]에는 화면 하단에 빨간색 '비디오카메라'버튼이 나타난다.

③ 브라우저 화면 하단에 '카메라' 버튼을 클릭하면, 화면에 내 얼굴이 나타납니다. 빨간 색인 경우: 카메라 Off / 초록 색인 경우: 카메라 On

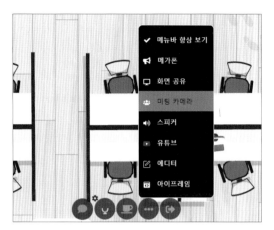

[그림36] 화상 회의 시작하기

7) 현실처럼 음성 대화 나누기

(1) 상대방에게 다가가기

아바타 주변의 동그란 회색 원은 서로 상호작용할 수 있는 범위를 보여준다. 오비스에서는 두 아바타가 같은 회색 원안에 들어올 때 통신이 서로 연결된다.

• 이동하고 싶은 곳 클릭하기

① 이동하고 싶은 곳을 클릭하면, 해당 방향으로 '화살표'가 나타나 가이드 역할을 한다.

② 한 번 더 클릭하면 원하는 곳으로 아바타가 이동한다.

③ [상대방의 회색 원안에 들어왔을 경우]에 화면 하단에 꺼져있는 마이크 버튼을 눌러준다. (스페이스바를 누르면 마이크 온/오프 된다.)

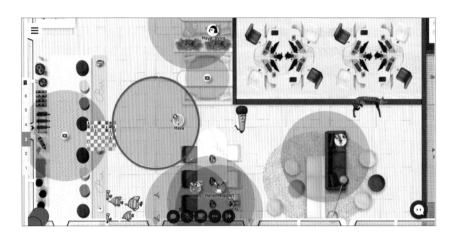

[그림37] 상대방에게 다가가기

(2) 거리에 따라 달라지는 소리 크기

오비스에서는 현실에서 우리가 대화하는 것처럼 말하고 있는 이에게 가까워질수록 목소리가 더욱 크게 들린다.

• 기본 방법

상대방의 동그란 회색 원 안에서도 아바타를 향해 더욱 가까워진다. 아바타에 가까워질수록 상대방의 소리가 더욱 크게 들린다. 아바타에게 멀어질수록 상대방의 소리가 작게 들린다. 상대방의 회색 원에서 벗어나면 통신이 끊겨 더 이상 소리가 들리지 않는다.

(3) 칵테일 효과

시끄러운 식당이나 펍에서 시끌벅적해도 우리 테이블 대화 소리가 더욱 잘 들린다. 인간은 대화하고 있는 사람의 이야기를 선택적으로 집중한다고 한다.

· 그룹핑 기능 발동하기

① 화면 하단에 … 버튼을 클릭한 뒤 스피커 기능을 선택한다.

② 한 이용자가 [스피커 기능을 발동했을 경우]에 가상 공간에 스피커 아이콘이 나타난다.

③ 대화에 참석하는 아바타들은 발화자의 아바타와 실선으로 연결된 스피커 아이콘을 클릭한다.

④ 모두, 칵테일 효과가 발생하여 선으로 연결된 이용자들의 목소리가 균일하게 들린다.

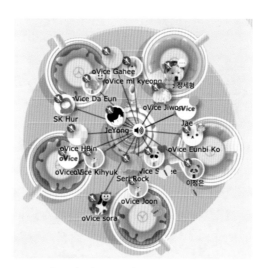

[그림38] 그룹핑 기능 발동하기

8) oVice x Zoom

(1) 공간 내 Zoom 오브젝트 활성화하기

① 관리자 페이지에 접속하여 플러그인을 선택한다.

② 플러그인 리스트 중 Zoom 오브젝트를 확인한다.

③ [Add]를 눌러 Zoom 오브젝트를 활성화한다.

④ 설정 페이지의 공간(Space)을 선택한다.

⑤ 스크롤을 내려 하단을 확인해 오브젝트 권한 관리 페이지를 찾는다.

⑥ Zoom 오브젝트를 사용할 수 있는 권한의 사용자를 지정한다. (기본 설정 : 공간 내 모두 접근 가능)

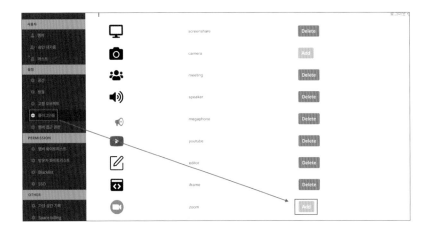

[그림39] 공간 내 Zoom 오브젝트 활성화하기

(2) Zoom 회의 시작하기

① Zoom 오브젝트를 시작하면 자동으로 새로운 탭에서 Zoom 화면이 열린다. (주최자)

② Zoom 화면을 그대로 둔 후 오비스 가상공간으로 돌아가면 회의의 URL을 복사할 수 있는 창을 확인할 수 있다.

③ 설치된 Zoom을 클릭하면 자동으로 새로운 탭에서 Zoom 화면이 열린다. (참가자)

④ Zoom 오브젝트를 실행하는 동안은 oVice 공간에서 말을 걸어도 음성이 들리지 않는다. (이모티콘 소리/유튜브 오브젝트의 소리는 들린다.)

⑤ Zoom 오브젝트를 설치한 사람(시작한 사람)이 오브젝트를 지우지 않는 한 Zoom의 URL은 유효하다.

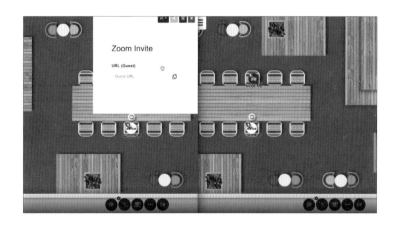

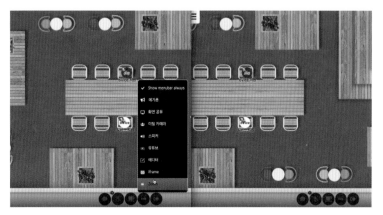

[그림40] Zoom 회의 시작하기

9) 멀리 떨어진 곳까지 말하기

(1) 더 멀리 있는 상대에게 이야기하기

오비스에서 모든 이용자는 디폴트로 서로에게 영향을 줄 수 있는 상호작용 거리가 정해져 있다. 그러나 특정 기능을 이용하여 더 멀리 있는 곳까지 영향 범위를 확대할 수 있다.

• **기본 방법**

① 화면 히단에 위치한 … 메뉴 아이콘을 누른다.

② 관련 기능 중 하나를 선택한다.

③ 발동된 기능의 팝업창 우측 상단을 확인해 보면 X1 라는 숫자 버튼이 있는데 이를 클릭하여 숫자를 확대하거나 축소하며 영향 범위를 조절할 수 있다.

　(X1 : 영향 범위 1배, X2 : 영향 범위 2배 ... X64 : 영향 범위 3배)

④ 내가 확장한 영향 범위 안에 들어와 있는 이용자들은 내가 이용하는 기능에 모두 영향을 받는다. (화면 공유 범위를 32배로 확장한 경우, 내가 공유한 영역 안에 들어온 모든 이용자는 내가 공유하는 화면을 봐야 한다.)

[그림41] 더 멀리 있는 상대에게 이야기하기

10) 가상 공간에 임베드 설치하기(Iframe)

(1) 외부 서비스를 오비스에 그대로 전시할 수 있다.

외부 서비스가 다른 웹사이트에 임베드를 허용했을 경우 해당 서비스를 가상 공간에 전시할 수 있다.

① 화면 하단에 위치한 … 메뉴 아이콘을 누른다.
② iframe 버튼을 입력하면 새로 나타난 팝업창 아래에 있는 주소창에 원하는 링크를 입력한다.
③ 입력한 후에 Load 버튼을 클릭한다.

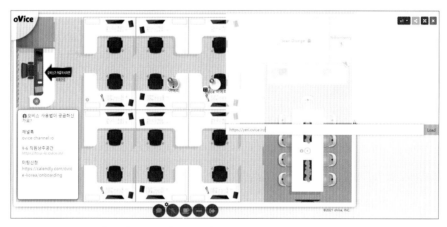

[그림42] 가상 공간에 임베드 설치하기(Iframe)

11) 실시간 라이브 스트리밍 공유하기

오비스에서 유튜브 라이브 영상을 함께 시청할 수 있다.

(1) 고정 오브젝트 설치

① 설정 페이지의 고정 오브젝트 메뉴로 들어간다.
② Other 항목 중 YouTube 를 선택하고 저장한다.
③ 연결된 유튜브 공유창 하단에 url 주소 입력창이 나타난다.

④ 주소창에 공유하고 싶은 유튜브 라이브 영상 링크를 입력하고 Play 버튼을 선택한다.

⑤ 상단 [x1] 박스를 눌러 공유 범위를 조정할 수 있다. (최대 64배, 게스트의 경우 최대 2배)

[그림43] 고정 오브젝트 설치

(2) 오비스 내 실시간 라이브 진행하기

오비스에서 자체적으로 라이브 영상을 송출할 수 있다. 라이브를 진행하는 사람이 오비스 공간에 입장하기 어려울 경우 사용하면 좋다.

① 설정 페이지의 **고정 오브젝트** 메뉴로 늘어간다.

② Other 항목 중 Livestream를 선택하고 저장한다.

③ 고정 오브젝트 하단을 보시면 설치된 오브젝트들을 확인 가능하다. 라이브스트림 내용 항목에 보이는 copy url 을 클릭하여 주소를 복사한다.

④ 인터넷 주소창에 복사한 링크를 붙여 넣어 이동한다.

⑤ 마이크와 스피커를 설정하고 입장해주시면 라이브를 송출할 수 있다.

[그림44] 오비스 내 실시간 라이브 진행하기

12) 문서작업 함께하기

iframe을 통해 다른 웹사이트를 효과적으로 현재 웹 페이지안에 띄우기

① 화면 하단에 위치한 ⋯ 메뉴 아이콘을 누른다.

② iframe 버튼을 입력하면 새로 나타난 팝업창 아래에 있는 주소창에 원하는 링크를 입력한다.

③ 입력한 후에 Load 버튼을 클릭한다.

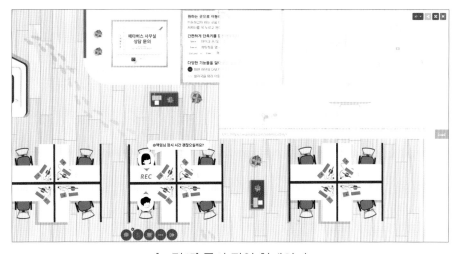

[그림45] 문서 작업 함께하기

13) 화이트보드 이용하기

(1) 외부 서비스 연동하기

① 화면 하단에 위치한 '…' 메뉴 아이콘을 누른다.

② 'iframe' 버튼을 입력하면 새로 나타난 팝업창 아래에 있는 주소창에 원하는
링크를 입력한다.

③ 입력한 후에 'Load' 버튼을 클릭한다.

④ 혹은 고정 오브젝트를 설정해서 'iframe'을 생성할 수 있다.

[그림46] 외부 서비스 연동하기

(2) 임베드 가능한 화이트보드 링크들

① Allo 서비스 가입 및 다운로드를 진행한다.

[그림47] 임베드 가능한 화이트보드 링크들

② Allo 서비스에 접속할 경우 위와 같은 기본 템플릿으로 시작된다. 템플릿은 용도에 맞게 마음껏 변경하셔서 사용한다. (화이트보드 사용 시 빈 페이지로 사용하면 된다.)

③ 다음으로, 오른쪽 상단에 위치한 'share'를 클릭한다.

[그림48] 링크 복사

④ share를 누른 뒤 copy link 를 눌러주면 링크가 복사된다.

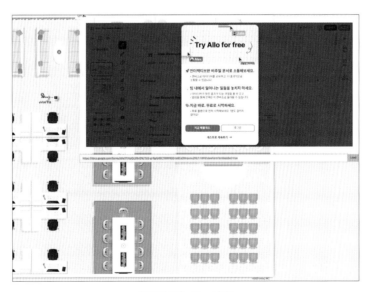

[그림49] allo 사용

⑤ 복사한 링크를 오비스의 Iframe에 넣어주면 allo를 사용할 수 있다.

⑥ '게스트로 계속하기'를 눌러서 비회원으로 계속해서 화이트보드를 사용할 수 있다.

⑦ 화이트보드는 다 같이 사용할 수 있다.

14) PDF 공유하기

(1) 외부 서비스 연동하기

· 구글 드라이브 PDF 파일을 업로드하여 임베드하기

① 구글 드라이브에서 해당 문서를 열어준다.

② 우측 상단 [⋮] 아이콘을 클릭하여 공유 〉 링크 보기 : 링크가 있는 모든 사용자에게 공개로 변경한다.

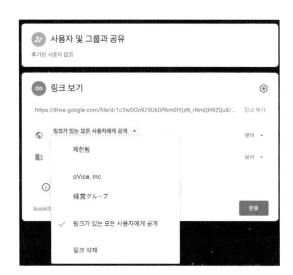

[그림50] 구글 드라이브 공개 변경

③ [⋮] 아이콘을 클릭하여 ↖ 새 창에서 열기를 눌러준다.

④ 새 창에서 [⋮] 아이콘을 클릭하여 항목 삽입...을 눌러준다.

[그림51] 항목 삽입... 누르기

⑤ HTML 코드 중 "" 내부의 https:// ~ /preview 부분만 복사해준다.

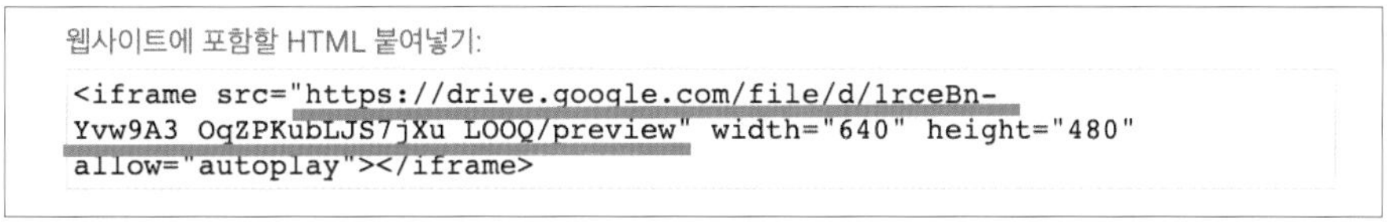

웹사이트에 포함할 HTML 붙여넣기:

```
<iframe src="https://drive.google.com/file/d/1rceBn-
Yvw9A3 OqZPKubLJS7jXu LOOQ/preview" width="640" height="480"
allow="autoplay"></iframe>
```

[그림52] HTML 코드 중 "" 내부의 https:// ~ /preview 부분만 복사

⑥ 해당 주소를 Iframe 하단 URL 창에 이미지 주소를 붙여 넣어 로드한다.

4 관리자를 위한 기능

1) 가상 공간 소개하기

(1) 공간 안내하기

관리자 페이지 설정 〉 공간 탭에서 수정 가능하다.

① 왼쪽 상단 오비스 로고를 클릭한 뒤, 톱니바퀴 아이콘을 클릭한다.

② 왼쪽 메뉴창에서 설정 〉 공간을 클릭한다.

③ 오피스 이름 항목에 내용을 작성한다.

  – "'$입력한오피스이름'에 오신 것을 환영합니다"라는 메세지가 로비페이지에
   서 나타난다.

④ 가상 공간 소개 항목에 내용을 작성한다.

  – 입력한 내용은 로비페이지에서 나타난다.

 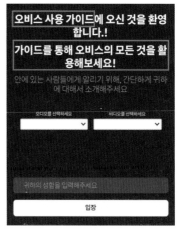

[그림53] 공간 안내하기

(2) 가상 공간 꾸미기

① 이용자가 입장하는 위치에 자연스럽게 원하는 정보 노출하기

  – 이미지 추가하기 페이지에서 해당 기능을 확인할 수 있다.

② 입장하자마자 자연스럽게 팝업창 노출하기
– 페이지에서 해당 기능을 확인할 수 있다.

2) 가상 공간 꾸미기

(1) 원하는 공간으로 꾸미기

오비스는 프레임(UI)을 제외한 배경은 모두 바꿀 수 있는 커스터마이징 환경을
제공한다.

· 기본 방법

관리자 페이지 설정 〉 공간 탭에서 수정 가능하다.

① 왼쪽 상단 오비스 로고를 클릭한 뒤, 톱니바퀴 아이콘을 클릭한다.
② 왼쪽 메뉴창에서 설정 〉 공간을 클릭한다.
③ 레이아웃 항목에서 레이아웃 업데이트 버튼을 눌러준다.
④ 해당 페이지 상단 오른쪽에 저장 버튼을 클릭한다.

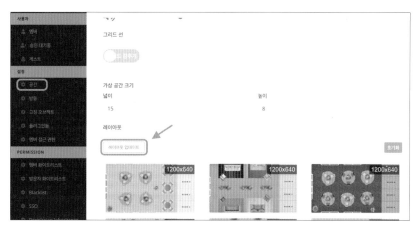

[그림54] 원하는 공간으로 꾸미기

• 주의사항

① 파일 크기 - 업로드 이미지는 10mb 이하만 업로드 가능하다.

② 공간 이미지 사이즈 - 이미지 사이즈는 가상 공간 크기 항목에서 확인할 수 있다.

(2) 프리셋 이미지 이용하기

가상 공간을 빠르게 이용할 수 있도록 프리셋 이미지들이 준비되어 있다.

① 관리자 기능의 위치는 기본 방법과 같은 곳에 있다.

② 레이아웃 항목에서 주어진 이미지들 원하는 이미지를 클릭한다.

③ 해당 페이지 상단 오른쪽에 저장 버튼을 클릭한다.

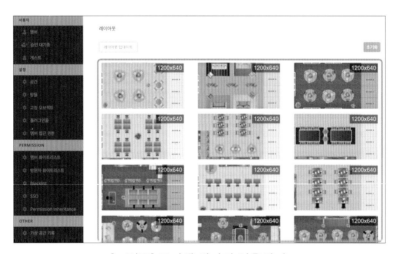

[그림55] 프리셋 이미지 이용하기

(3) 더 많은 가상 공간 디자인 살펴보기

이용자분들이 더 다양한 공간을 이용할 수 있도록 매 분기별 수십 장의 공간 디자인을 업데이트하고 있다.

- https://ovice.notion.site/dc70653ca4b0478e8e7549e72243d8fa

3) 일부 공간 꾸미기
(1) 원하는 공간으로 꾸미기
오비스는 가상 공간에 원하는 이미지를 쌓아 올리는 형태로 일부 공간을 커스터마이징 가능하다.

[그림56] 원하는 공간으로 꾸미기 방법①

• 기본 방법 1
관리자 페이지 설정 〉 고정 오브젝트 탭에서 이미지 탭 기능을 이용하여 수정 가능하다.

① 왼쪽 상단 오비스 로고를 클릭한 뒤, '톱니바퀴' 아이콘을 클릭한다.
② 왼쪽 메뉴창에서 '설정' 〉 '정적인 오브젝트' 탭을 클릭한다.
③ 피켓 / 텍스트 / 이미지 / Other 탭 중에서 '이미지' 탭을 클릭한다.
④ 이미지 URL 항목에서 '업로드' 버튼을 클릭한다.
⑤ 원하는 이미지를 업로드한다.
　– 미세한 조정 위치는 X축 위치 / Y축 위치 항목에 있는 값을 조절한다.

• 기본 방법 2

관리자 페이지 설정 〉 고정 오브젝트 탭에서 피켓 기능을 이용하여 수정 가능하다.

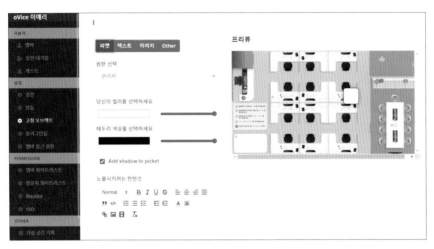

[그림57] 원하는 공간으로 꾸미기 방법②

① 왼쪽 상단 오비스 로고를 클릭한 뒤, '톱니바퀴' 아이콘을 클릭한다.

② 왼쪽 메뉴창에서 설정 〉 고정오브젝트 탭을 클릭한다.

③ 피켓 / 텍스트 / 이미지 / Other 탭 중에서 피켓 탭을 클릭한다.

④ 권한을 선택한다.

 – 주의사항 : 여기서 권한은 이용자님이 피켓(게시판)에 입력한 정보를 수정할

 수 있는 권한을 의미한다.

⑤ 당신의 컬러를 선택하세요 항목에서

 – 오른쪽에 위치한 '파란색 게이지를 왼쪽'으로 조정한다.

⑥ 테두리 색상을 선택하세요 항목에서

 – 주의사항 : 파란색 게이지를 왼쪽으로 조정할수록, 해당 게시판의 뒷 배경이

 투명해진다. 결국 안에 담긴 콘텐츠만 노출된다.

⑦ 노출시키려는 콘텐츠에 이미지를 업로드한다.

 – 텍스트 에디터 창에서 '이미지' 아이콘을 클릭한다.

 – 원하는 이미지를 업로드한다.

⑧ 넓이 값과 높이 값은 반드시 이미지 크기보다 커야 한다.

⑨ 프리뷰를 통해 위치시키고자 하는 곳에 이미지를 놓는다.

　– 미세한 조정 위치는 X축 위치 / Y축 위치 항목에 있는 값을 조절한다.

4) 안내판 설치하기

① 관리자 페이지에서 '고정 오브젝트'를 누른다.

② 자동으로 고정 오브젝트 '피켓 / 텍스트 / 이미지 / Other' 중에서 '피켓'에 들어가진다.

③ 안내판을 통해 사람들에게 알리고 싶은 글을 작성한다.

④ 오른쪽 프리뷰에 있는 안내판을 마우스를 이용하여 원하는 장소에 설치한다.

• Tip. 안내판의 '왼쪽 상단'에 마우스를 올려놓으면 이동시키기 편리하다.

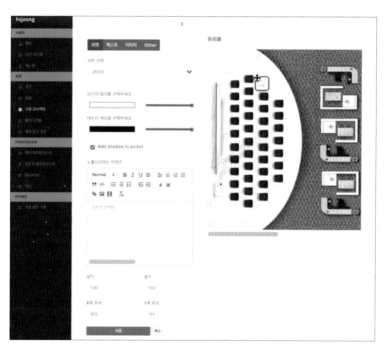

[그림58] 안내판 설치하기

(1) 안내판 크기 조절하기

① 마우스를 이용하여 자유롭게 안내판을 확대한다.

② '넓이/높이'의 숫자를 바꾸어서 안내판을 확대/축소할 수 있다.

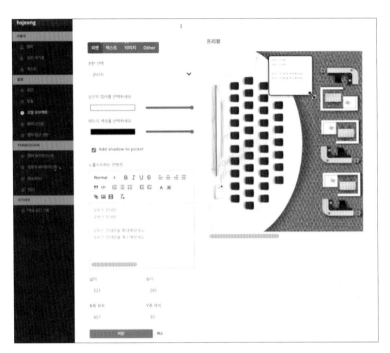

[그림59] 안내판 크기 조절하기

(2) 안내판 색상 변경하기

① 안내판의 색상을 자유롭게 바꾸어보자.

② 안내판 테두리 색상노 사유롭게 바꾸어보자.

③ 'RGB 색상 코드'에 숫자 입력을 통해서도 바꿀 수 있다.

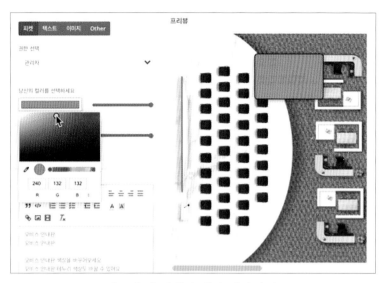

[그림60] 안내판 색상 변경하기

(3) 안내판 투명도 조절하기

① 색상 선택 옆에 있는 '바(bar)'를 이용하여 안내판과 테두리의 투명도를 조절할 수 있다.

② 이 기능을 통해 안내판의 배경색과 테두리 없이 글씨만 보여줄 수 있다.

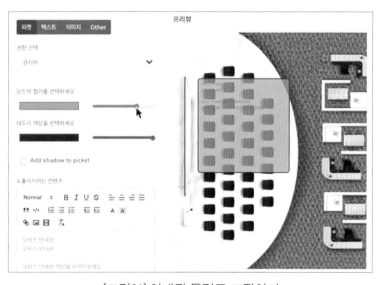

[그림61] 안내판 투명도 조절하기

(4) 안내판 그림자 생성하기

'Add shadow to picket'에 ☑를 통해 그림자를 만들 수 있다.

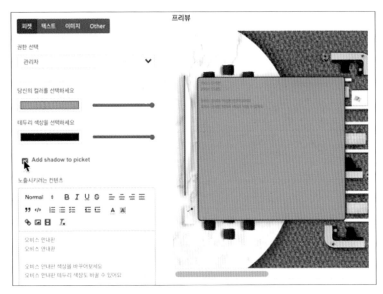

[그림62] 안내판 그림자 생성하기

(5) 안내판 좌표로 이동하기

① 안내판의 'X축'과 'Y축'의 숫자를 변경하여 안내판의 위치를 이동시킨다.

② 공간의 좌표에 따라 안내판의 위치가 설정된다.

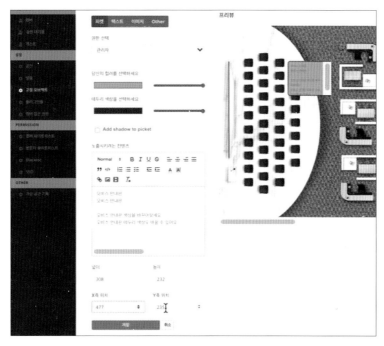

[그림63] 안내판 좌표로 이동하기

(6) 이미지 삽입하기

① 에디터 안에 있는 '사진'을 클릭하여 내 컴퓨터에 있는 이미지를 삽입한다.

② 프리뷰를 통해 안내판 안에 이미지가 전부 보이도록 크기를 조절한다.

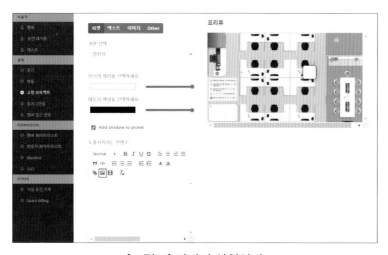

[그림64] 이미지 삽입하기

(7) 링크 삽입하기

① '링크'를 누르면 링크를 삽입할 수 있는 버튼이 등장한다.

② 링크가 있는 문서나 영상을 삽입한다.

③ 안내판에 문서나 영상이 업로드되어 작동한다.

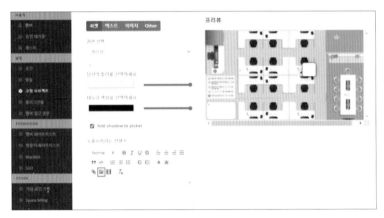

[그림65] 링크 삽입하기

(8) 공간에서 안내판 수정하기

① 나의 오비스 가상 공간에서 내가 설치한 안내판을 클릭한다.

② 안내판의 에디터가 팝업으로 등장해서 바로 수정을 할 수 있다.

③ 안에 넣은 내용은 별도의 수정 버튼 클릭 없이 바로 수정이 반영된다.

[그림66] 공간에서 안내판 수정하기

(9) 안내판 제거하기

① 스크롤을 아래로 내려 왼쪽에 있는 'SELECT' 박스에 ☑를 한다.

② 그다음 빨간색 박스에 있는 '삭제' 버튼을 눌러준다.

③ Are you sure? 이라는 질문에 'Yes, delete it!'을 눌러주면 안내판이 삭제된다. 한번 삭제한 안내판은 다시 되돌릴 수 없으니 꼭 다시 한번 확인해야 한다.

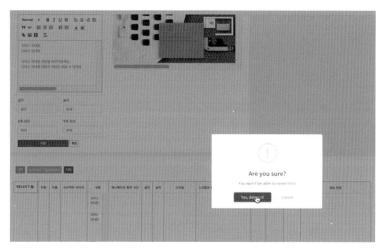

[그림67] 공간에서 안내판 수정하기

5) 이미지 추가하기

다양한 이미지 파일을 통해 자유롭게 공간을 꾸밀 수 있다.

[그림68] 이미지 추가하기

(1) 피켓 기능을 통해 이미지 추가하기

① 설정 – 고정 오브젝트 – 피켓으로 들어간다.

② 컬러 및 테두리 색상을 투명으로 설정한다.

③ 좌측에 표시한 [그림삽입] 아이콘을 클릭한다.

④ 원하는 이미지를 업로드 해준다.

⑤ 설치할 위치를 설정한다.

⑥ 사이즈를 조절한다.

⑦ 저장을 눌러 공간을 업데이트한다.

[그림69] 피켓 기능을 통해 이미지 추가하기

(2) 텍스트 기능을 통해 이미지 추가하기

① 설정 – 고정 오브젝트 – 텍스트로 들어간다.

② [이미지 URL] 창에 주소를 붙여넣거나 [업로드]를 통해 원하는 이미지를 업로드 한다.

③ 설치할 위치를 설정한다.

④ 사이즈를 조절한다.

⑤ 이미지를 누를 경우 표시하고 싶은 내용을 하단 [노출시키려는 콘텐츠] 입력 창에 작성한다. (텍스트, 이미지, 링크 등등)

⑥ 저장을 눌러 공간을 업데이트한다.

[그림70] 텍스트 기능을 통해 이미지 추가하기

(3) 이미지 기능을 통해 이미지 추가하기

① 설정 – 고정 오브젝트 – 이미지로 들어간다.

② 이미지 URL에 원하는 이미지를 업로드, 또는 이미지 주소를 입력한다.

③ [On Click Image URL]에서 이미지를 클릭했을 때 실행할 동작을 선택한다.
  - tatic : 이미지를 클릭하여도 아무 동작이 실행되지 않는다.
  - Animation : URL창에 이미지 링크를 삽입해주면 이미지를 클릭하였을 때 해당 이미지가 나타났다가 자동으로 사라지게 된다.
  - Page Jump : 이미지를 클릭하면 연결된 주소로 이동한다. (공간에서 아바타 사라짐)
  - Open tap : 이미지를 클릭하면 연결된 주소로 새 탭을 생성한다. (공간 내에 아바타 유지)
④ 설정한 내용을 저장한다.

[그림71] 이미지 기능을 통해 이미지 추가하기

(4) Iframe 기능을 통해 이미지 추가하기

① Iframe을 설치하고 싶은 곳으로 아바타를 이동시킨다.
② 설정 – 고정 오브젝트 – Other로 들어간다.
③ 권한을 선택한다. (오브젝트 수정 권한 설정)
④ 프리뷰로 위치를 확인하고 조정한 후, 저장해준다.

⑤ 설정 창을 끈 후 공간에 생성된 Iframe 아이콘을 클릭한다. (☑☐ 아이콘과 아바타 사이 선이 연결되었는 지 확인)

⑥ 하단에 URL창에 이미지 주소를 붙여넣어 로드한다.

⑦ [x1 ▼] 박스를 클릭해 이미지를 공유하고 싶은 범위를 지정한다. (☐회색 원 범위 확인)

⑧ 떠나기를 통해 오브젝트와 연결을 끊어준다.

[그림72] Iframe 기능을 통해 이미지 추가하기

6) 버튼 설치하기

(1) 피켓 기능을 이용하기

① 설정 버튼을 눌러준다.

② 고정 오브젝트를 눌러준다.

③ 컬러 선택 부분에서 파란색 게이지를 내려 피켓을 투명하게 만들어준다.

④ 피켓에서 이미지를 선택한다.

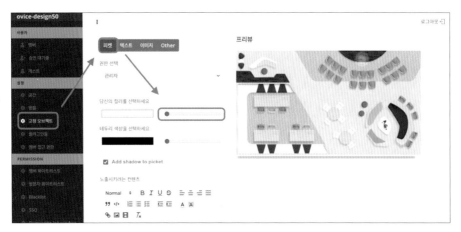

[그림73] 피켓 기능을 이용하기

(2) 이미지 기능을 이용하기

① 설정 버튼을 눌러준다.

② 고정 오브젝트를 눌러준다.

③ 상단 탭 중 이미지를 클릭해준다.

④ 이미지 URL에 원하는 이미지를 업로드, 또는 이미지 주소를 입력해준다.

⑤ [On Click Image URL]에서 이미지를 클릭했을 때 실행할 동작을 선택해준다.

⑥ 설정한 내용을 저장한다.

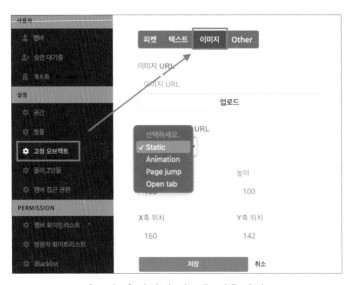

[그림74] 이미지 기능을 이용하기

7) 유튜브 영상 설치하기

(1) 유튜브 영상 설치하기 1

① 유튜브 오브젝트를 설치할 위치로 아바타를 이동시킨다.

   (기본적으로 유튜브는 오비스 공간의 아바타가 위치 한 곳에 만들어진다.)

② 왼쪽 상단 위의 oVice 로고를 클릭하여 설정(톱니바퀴) 버튼을 눌러준다.

③ 관리자 목록에서 '정적인 오브젝트'를 눌러준다.

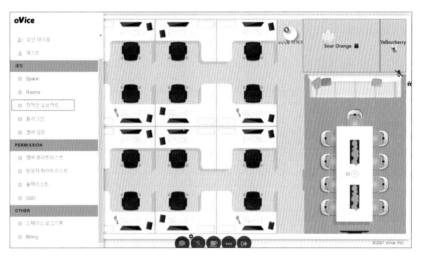

[그림75] 유튜브 영상 설치하기 1

(2) 유튜브 영상 설치하기 2

① 고정 오브젝트 '피켓 / 텍스트 / 이미지 / Other' 중에서 'Other'를 눌러준다.

② 권한을 설정해 준다. (권한은 유튜브 오브젝트의 수정 및 재생 권한을 의미한다.)

   예: 권한을 관리자로 설정해 두면 관리자만 유튜브 수정 및 재생을 할 수 있다.

③ X 와 Y 축 숫자 수정을 통해 위치를 변경하실 수 있다. 오비스 미니맵에서 유튜브 오브젝트 위치 확인이 가능하다.

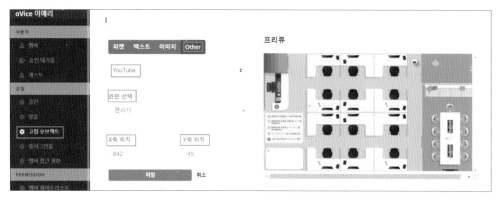

[그림76] 유튜브 영상 설치하기 2

(3) 유튜브 영상 설치하기 3

① 유튜브 오브젝트를 클릭하면 유튜브 링크를 입력할 수 있는 'URL입력창'이 나타난다.

② 오비스 설정창을 닫고 유튜브 오브젝트 중앙을 눌러 본인의 아바타와 연결해준다.

③ 원하는 유튜브 영상의 링크를 복사하여 'URL입력창'에 붙여넣는다.

④ 'URL입력창' 오른쪽에 있는 'LOAD'를 눌러준다.

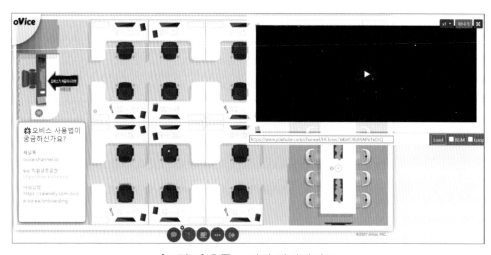

[그림77] 유튜브 영상 설치하기 3

(4) 영상 수정 권한 설정하기

① 권한 선택 창에서 '관리자 / 멤버 / 방문자' 중에서 권한을 부여하고 싶은 계층을 선택한다.

② 권한을 부여받은 계층까지 앞에서 설명한 '유튜브 설치하기' 과정을 진행할 수 있다.

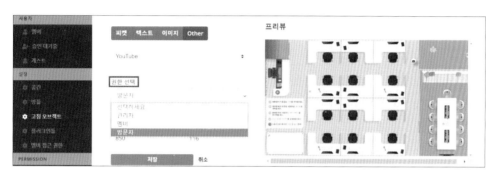

[그림78] 영상 수정 권한 설정하기

(5) 영상 배경음악만 들리게 하기

① 설치된 유튜브 오브젝트를 눌러준다.

② 'LOAD' 옆에 있는 'BGM' 버튼 재생을 눌러주면 영상은 보이지 않고, 소리만 들을 수 있다.

③ 영상을 다시 보고 싶으면 버튼에 체크 표시를 없애주면 된다.

[그림79] 영상 배경음악만 들리게 하기

(6) 영상 무한재생 만들기

① 설치된 유튜브 오브젝트를 눌러준다.

② 'BGM' 버튼 옆에 있는 'Loop' 버튼에 ☑를 하시고 재생을 눌러주면, 이 영상은 재생 시간이 끝나도, 계속해서 반복 재생이 된다.

(7) 영상 인터랙션 범위 설정하기

① 설치된 영상 오브젝트를 눌러준다.

② 영상 오른쪽 상단에 있는 'x1'를 눌러서, 범위를 설정해준다.

③ 숫자가 커질수록 범위가 넓어지고, 숫자가 낮을수록 범위가 줄어든다.

[그림80] 영상 인터랙션 범위 설정하기

(8) 고정된 영상 오브젝트 좌표로 이동하기

① 관리자 페이지에 '고정 오브젝트'를 클릭하고 'Other'를 눌러준다.

② 스크롤을 아래로 내려 왼쪽에 있는 'SELECT' 박스에 ☑한다.

③ 그다음 초록색 박스에 있는 '수정' 버튼을 눌러줍니다.

④ 안내판의 'X축'과 'Y축'의 숫자를 변경하여 안내판의 위치를 이동시킨 후 '저장'해준다.

⑤ 오비스 가상 공간으로 돌아가 이동한 오브젝트를 확인한다.

[그림81] 고정된 영상 오브젝트 좌표로 이동하기

(9) Iframe 기능으로 영상 설치하기

Iframe으로 설치한 영상의 경우 자유롭게 영상의 시간을 조절할 수 있고, 방문자 각자가 자신의 화면 내의 영상을 재생하고 멈출 수 있다. 꼭 처음부터 보아야 하는 영상이 있다면 Iframe으로 설치한다.

[그림82] Iframe 기능으로 영상 설치하기

• 주의 사항 - Iframe 링크를 붙여넣을 때 공유 내의 유튜브 링크가 아닌, [퍼가기] 를 눌러 나오는 임베딩 링크를 복사하여 입력해야 한다.

안내판의 'X축'과 'Y축'의 숫자를 변경하여 안내판의 위치를 이동시킨 후 '저장' 해준다.

8) 직책 부여/권한 설정

(1) 직책 부여하기

① 화면 왼쪽 상단 위의 oVice 로고를 클릭해서 '설정(톱니바퀴)' 버튼을 눌러준다.

② '설정(톱니바퀴)' 버튼을 누르면 관리자 메뉴가 나타난다.

③ 관리자 메뉴에서 '게스트'를 클릭해준다.

④ 공간에 방문했던 게스트/방문자를 확인할 수 있다.

⑤ 화면 오른쪽 각 게스트/방문자의 '정보 변경'에 있는 '권한'을 클릭해주시면 직책을 변경시킬 수 있다.

[그림83] 게스트 / 방문자에게 다른 직책 부여하기

(2) 멤버에게 다른 직책 부여하기

① 관리자 메뉴에서 '멤버'를 클릭해준다.

② 공간에 멤버 직책을 부여받은 모든 멤버를 확인할 수 있다.

③ 화면 오른쪽 각 멤버의 '정보 변경'에 있는 '권한'을 클릭해주시면 직책을 변경시킬 수 있다.

[그림84] 멤버에게 다른 직책 부여하기

(3) 권한 설정하기

① 화면 왼쪽 상단 위의 oVice 로고를 클릭해서 '설정(톱니바퀴)' 버튼을 눌러준다.

② '설정(톱니바퀴)' 버튼을 누르면 관리자 메뉴가 나타난다.

③ 관리자 메뉴에서 '멤버 임장'을 클릭해준다.

④ Static object page의 On/Off를 통해 '고정 오브젝트 페이지' 접근 권한을 부여할 수 있다.

(4) 수정/삭제 가능 직책 설정

① 화면 왼쪽 상단 위의 oVice 로고를 클릭해서 '설정(톱니바퀴)' 버튼을 눌러준다.

② '설정(톱니바퀴)' 버튼을 누르면 관리자 메뉴가 나타난다.

③ 관리자 메뉴에서 '정적인 오브젝트'를 클릭해준다.

④ 피켓/Other에서 오브젝트 권한 선택을 통해 '수정/삭제'가 가능한 직책을 설정할 수 있다.

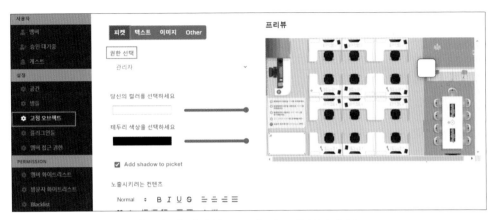

[그림85] 정적인 오브젝트(고정 오브젝트)

(5) 플러그인 권한 설정

① 화면 왼쪽 상단 위의 oVice 로고를 클릭해서 '설정(톱니바퀴)' 버튼을 눌러준다.

② '설정(톱니바퀴)' 버튼을 누르면 관리자 메뉴가 나타난다.

③ 관리자 메뉴에서 '플러그인'을 클릭해준다.

④ 공간에서 자유롭게 오브젝트를 생성할 수 있는 플러그인을 'Add / Delete' 버튼을 통해 권한을 생성할 수도 있고 권한을 삭제 할 수도 있다.

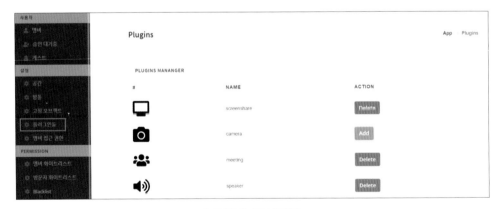

[그림86] 플러그인

9) 방문자 기록 확인하기

① 화면 왼쪽 상단 위의 oVice 로고를 클릭해서 '설정(톱니바퀴)' 버튼을 눌러준다.

② '설정(톱니바퀴)' 버튼을 누르면 관리자 메뉴가 나타난다.

③ 관리자 메뉴에서 '스페이스 로그 기록'을 클릭해준다.

④ 관리자 페이지가 새 창으로 열리며 스페이스 로그 기록이 나온다.

⑤ 스페이스 로그 기록에서는 공간에 들어온 모든 사람의 출입 기록을 시간과 함께 파악할 수 있다.

⑥ 왼쪽 상단에 'CSV 파일 다운로드' 버튼을 클릭해서 엑셀로 파일을 다운받아 관리할 수도 있다.

10) 외부 메신저(Slack) 연동하기

가장 먼저 https://api.slack.com/apps로 접속한다.

(1) 외부 메신저 연동하기 1

아래의 스크린샷이 나타내는 절차를 진행한다.

[그림87] 외부 메신저(slack) 연동하기 1-1

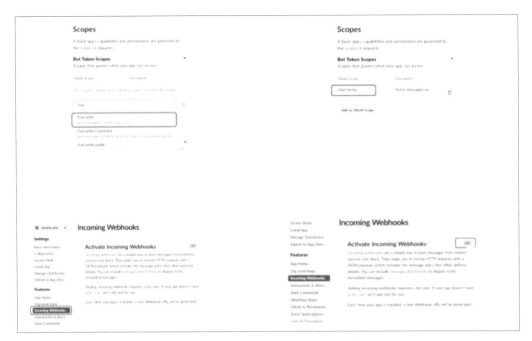

[그림88] 외부 메신저(slack) 연동하기 1-2

[그림89] 외부 메신저(slack) 연동하기 1-3

(2) 외부 메신저 연동하기 2

(1) 설정 후 ① 화면 상단에 위치한 oVice로고를 클릭한다.

② Space(공간)를 클릭합니다.

③ 스크롤을 맨 밑으로 내려 가상공간 HOOK 설정 부분에서 '추가'를 누른다.

[그림90] 외부 메신저(slack) 연동하기 2

④ 어떤 상황에서 외부 메신저와 반응할지 설정합니다.

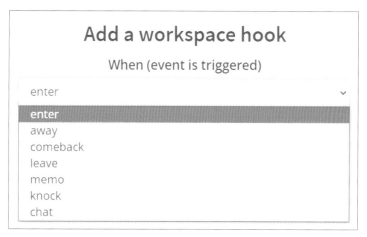

[그림91] 외부 메신저(slack) 연동하기 3

- enter : 사용자의 공간에 사람들이 들어왔을 때
- away : 사용자의 공간에서 사람들이 부재중일 때
- comeback : 사용자의 공간에서 사람들이 부재중이었다가 다시 돌아왔을 때
- leave : 사용자의 공간에서 사람들이 떠났을 때
- knock : 사용자의 공간에 노크했을 때
- chat : 사용자의 공간에 사람들이 전체 채팅했을 때

아래 예시의 Post 데이터를 그대로 복사 붙여넣은 후 ok를 누르시면 슬랙 세팅이 가능하다.

[그림92] 외부 메신저(slack) 연동하기 4

11) 공간 입장 비밀번호 설정하기

① 왼쪽 상단 위의 oVice 로고를 클릭하여 설정(톱니바퀴) 버튼을 눌러준다.

② 관리자 목록에서 '방문자 화이트리스트'를 눌러준다.

③ 'WHITELISTED PASSWORDS'에 'Add' 버튼을 눌러준다.

④ 팝업창에 뜬 PASSWORD 입력에 설정할 비밀번호를 입력하고, 비밀번호 설정의 메모를 남길 수 있다.

⑤ 정상적으로 추가가 될 경우, 방문자를 위한 공간 입장 비밀번호가 설정된다.

⑥ 설정한 비밀번호를 삭제하고 싶으신 경우 비밀번호 옆에 'delete'를 눌러 주시면 삭제할 수 있다.

[그림93] 공간 입장 비밀번호 설정하기

12) 공간 접근 범위(공개 / 비공개) 설정하기

(1) 공간 접근 범위 설정하기

① 화면 왼쪽 상단 위의 oVice 로고를 클릭해서 '설정(톱니바퀴)' 버튼을 눌러준다.

② '설정(톱니바퀴)' 버튼을 누르면 관리자 메뉴가 나타난다.

③ 관리자 메뉴에서 'Space'를 클릭해준다.

④ 관리자 페이지가 새 창으로 열리며 공간에 대한 관리 페이지가 나온다.

⑤ 페이지 내에 가상 공간 유형 설정에서 '공개형/비공개형' 선택을 통해 공간의 상태가 활성화된다.

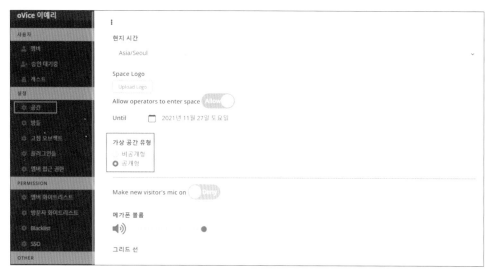
[그림94] 공간 접근 범위 설정하기 (공개형/비공개형)

(2) 비공개형일 경우 일어나는 상황

① 관리자 페이지의 Space(공간)를 들어가면, 가상 공간 유형 아래에 '방문자에게 입장 전 노크 요구하기'가 있다.

② '방문자에게 입장 전 노크 요구하기'를 꺼놓을 경우, 방문자는 공간에 절대 접근할 수 없다.

③ '방문자에게 입장 전 노크 요구하기'를 켜놓은 경우, 방문자는 노크를 통해 공간에 접근할 기회를 얻는다.
이때, 방문자가 노크하면 공간 안에서는 알림음과 팝업 문구를 통해 공간 밖에 사람이 왔음을 알려준다.

④ 공간 안에 방문자 입장 허가 권한(노크 알림에 대한 권한 관리)을 가진 사람만이 입장을 허가시켜줄 수 있다.

⑤ 노크 알림에 대한 권한 관리는 '관리자, 멤버, 방문자' 중에 관리자가 권한을 부여할 수 있다.

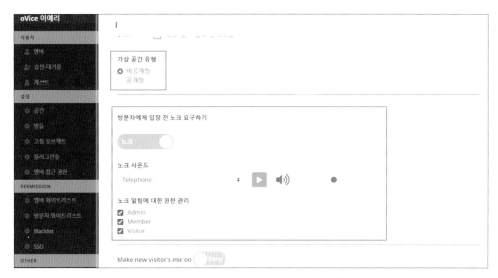

[그림95] 비공개형일 경우 일어나는 상황 알아보기

13) 음소거 및 퇴출 시키기

(1) 음소거 시키기

① 화면 왼쪽 상단 위의 oVice 로고를 클릭해서 '돋보기' 버튼을 눌러준다.

② '돋보기' 버튼을 누르면 공간 안에 있는 사람들을 확인할 수 있다.

③ 마이크가 켜져 있는 사람들은 닉네임 옆에 '마이크 표시'가 나타나 있다.

④ 내가 관리자일 경우 음소거 시키고 싶은 사람의 '마이크 표시'를 클릭하여 음소거를 시킬 수 있다.

(2) 공간에서 퇴출하기

① 화면 왼쪽 상단 위의 oVice 로고를 클릭해서 '돋보기' 버튼을 눌러준다.

② '돋보기' 버튼을 누르면 공간 안에 있는 사람들을 확인할 수 있다.

③ 닉네임 옆에 '퇴출' 버튼을 눌러 공간에서 내보내고 싶은 사람을 퇴출할 수 있다.

④ '돋보기' 버튼을 통해 공간 안에 각각의 회의실에 위치한 사람도 확인할 수 있다.

⑤ 회의실에 초대받지 않은 사람들을 '퇴출' 버튼을 통해서 낼 수 있다.

14) 안내판 및 플러그인 제거하기

① 화면 상단의 oVice로고를 클릭한다.

② 고정 오브젝트를 선택한다.

③ 스크롤을 내려 삭제하고 싶은 오브젝트를 선택한다.

④ 삭제를 누른다.

〈참고자료〉

• 오비스 사용가이드

Section 7

기타 메타버스 플랫폼 안내

기타 메타버스 플랫폼 안내

1 마인크래프트

[그림1] 마인크래프트

1) 네모난 세계

"모든 것이 블록으로 되어 있는 곳으로 가봅시다. 당신의 상상력만이 그곳의 한계입니다." – 마인크래프트 공식 트레일러 中 –

마인크래프트는 '모장 스튜디오'에서 2011년 정식 발매한 샌드박스 형식의 게임이다. 'Minecraft'라는 이름에서 알 수 있듯 채광(Mine)과 제작(Craft)을 중심으로 한 게임이며, 게임 내 모든 것들이 네모난 블록으로 이루어진 것이 특징이다.

마인크래프트는 혼자, 혹은 여럿이 함께 즐길 수 있다. 플레이어는 게임 내에서 생존하며 건축이나 사냥, 농사, 채집, 탐험, 설계, 제작하는 등 자유롭게 플레이 할 수 있다. 장기간의 업데이트 이후 추상적인 엔딩이 주어지긴 했지만 사실상 정해진 목표나 스토리가 없는 수준이다. 또한 게임 내 지형의 넓이는 지구의 8배에 달하는 면적으로, 플레이어가 콘텐츠를 제작할 수 있는 범위는 수치화 불가능한 수준이다. 게임의 목표를 게임 자체에서 이끌어가는 것이 아닌 플레이어가 만들어가는 방식, 그리고 플레이어가 원하는 콘텐츠를 제작할 수 있는 충분한 면적. 플레이어들의 상상력과 창의력을 자극하는 이 세계관은 마인크래프트를 가장 많이 팔린 비디오 게임으로 만들었다.

마인크래프트는 지난 2020년 모든 플랫폼에서 2억장 이상 판매된 '역대 가장 많이 팔린 비디오 게임'이라는 타이틀을 거머쥐었으며, 2021년 유튜브 조회수 1조 회를 돌파한 첫 게임으로 기록되었다. 또한 세계 최대의 리뷰 집계 사이트 '메타크리틱' 선정 2010~2019 최고의 게임 TOP20과 미국 타임지 선정 2010년대(2010~2019) 최고의 게임 TOP10에 이름을 올리기도 했다. 2011년 발매된 이후 2020년 5월 기준 마인크래프트의 평균 이용자 수는 1억 2,600만 명으로 꾸준히 사랑받고있는 게임이라 할 수 있다.

2) 메타버스의 대표 게임

마인크래프트는 자유도가 굉장히 높은 게임으로 '게임계의 레고'라고 불리기도 한다.

'메타버스'라는 개념이 등장한 이후 마인크래프트는 메타버스의 대표 게임으로 주목받고 있다. 엔비디아의 CEO 젠슨 황은 최고의 메타버스 후보로 마인크래프트를 언급하기도 했다. Xbox의 수장이자 MS 게임 총괄 부사장인 필 스펜서 또한 '마인크래프트는 진정으로 개방된 창작도구'라며 이상적인 메타버스의 필수요건을 마인크래프트의 생태계에 빗대어 설명했다.

[그림2] 송도:라스트 쉘터

[그림3] 인천크래프트

3) 마인크래프트의 국내 활용

우리나라에서는 인천과 송도가 '인천크래프트'와 '송도크래프트'로 마인크래프트 게임 내에 구축되었다. 인천크래프트와 송도크래프트는 인천과 송도 국제회의 복합지구의 홍보를 위해 진행된 프로젝트다.

인천시는 마인크래프트 내 가상의 인천시를 만들어 온라인으로 누구나 자유롭게 여행할 수 있는 인천시 맵을 만들었다. '인천크래프트'는 인천의 과거와 현재, 미래 모습을 구현하고 있으며 맵 내에서는 강화도 고인돌부터 1900년대 개항기 시대, 인천공항, 인천대교, 송도, 인천시청의 현재 모습까지 둘러볼 수 있다. 인천시는 광복절을 맞아 '인천크래프트 1945 캠페인'을 진행하기도 했다. 인천크래프트 1945 맵을 광복절에 무료로 공개하고, 마인크래프트 이용자들이 인천의 대표적인 독립운동 장소와 독립운동가를 만날 수 있도록 서버를 오픈한 것이다. 인천크래프트는 2021년 대한민국 광고대상 이노베이션 부문에서 은상을 수상했다.

인천관광공사는 마인크래프트 내 '송도크래프트'를 구축하고 MICE 스토리를 접목시켜 '라스트 쉘터'라는 게임을 고안해냈다. 송도크래프트 라스트쉘터는 유튜브와 트위치 등 유명 게임 크리에이터 채널을 통해 공개되었다. 라스트쉘터는 송도 K-바이오랩 허브에서 확보한 백신 무기로 바이러스를 퇴치하는 스토리로 송도컨벤시아, 아트센터 인천, 경원재 앰베서더 인천, 홀리데이 인 송도, 트라이볼 등 송도 국제회의 복합지구의 주요 시설을 살펴볼 수 있다.

2 포트나이트

[그림4] 포트나이트

1) 메타버스 열풍의 중심

포트나이트는 미국 '에픽 게임즈'에서 제작한 배틀로얄 게임으로 가상현실에서 여러 플레이어와 대결을 할 수 있다. 2018년 동시접속자 수 830만 명을 기록하며 골든 조이스틱 어워드에서 올해의 게임(GOTY)을 수상하였고 F2P 부문에서 가장 높은 매출을 올린 게임으로 자리 잡았다. 이후 2020년 12월에는 1,530만 동시 접속자 수를 기록하며 빠른 속도로 성장하고 있다.

'넷플릭스'의 창업자인 리드 해이스팅스는 "넷플릭스의 라이벌은 디즈니가 아닌 포트나이트"라고 언급했다. 실제로 3억 5천만 명이 이용하는 포트나이트는 넷플릭스보다 더 많은 액티브 유저수를 자랑한다. 포트나이트는 마인크래프트와 함께 '메타크리틱' 선정 2010~2019 최고의 게임 TOP20, 미국 타임지 선정 2010년대 (2010~2019) 최고의 게임 TOP10에 이름을 올렸다. 많은 유저수를 이끌고 메타버스 플랫폼으로 주목받고 있지만 국내에서의 흥행은 미미한 수준이다.

2) 트래비스 스캇의 가상 콘서트

미국의 힙합 가수이자 패션디자이너인 트래비스 스캇은 포트나이트에서 가상 콘서트를 열어 화제가 되었다. 포트나이트는 서로 공격하고 방어하는 '배틀로얄'식

게임으로 알려졌지만 유저들끼리 소셜네트워킹이 가능한 '파티로얄모드'도 존재한다. 트래비스 스캇의 콘서트는 파티로얄모드에서 개최되었으며 동시 접속자 수 1,230만 명, 수익 216억 원을 기록했다.

[그림5] 트래비스 스캇

거대한 트래비스 스캇이 노래를 부르고 유저들은 주위를 돌아다니며 자유롭게 콘서트를 즐겼다. 콘서트는 전 세계 팬들을 위해 다른 시간대에 총 다섯 번 개최되었다. 트래비스 스캇 외에도 한국의 남자 아이돌그룹 BTS 또한 신곡 다이너마이트의 안무 영상을 포트나이트에서 최초 공개한 바 있으며, 이 외에도 많은 가수가 포트나이트를 통해 신곡을 발표하고 있다.

[그림6] 가상 콘서트를 즐기는 사람들

3) 세계관을 넘나드는 콜라보

포트나이트는 나이키, 마블과의 콜라보를 진행하기도 했다. 포트나이트는 현실 세계의 제품을 게임 속으로 가져와 나이키 에어 조던 의상을 게임 속 상점에서 판매했다. 판매는 포트나이트의 가상화폐인 브이벅스로 거래되었다. 또한 마블 영화 속 히어로가 사용하는 무기들을 포트나이트 안에서 사용할 수 있도록 서비스를 제공하기도 했다. 현실 세계의 지적재산권을 활용하여 가상세계 메타버스에서 새로운 수익 창출 모델을 만든 셈이다.

[그림7] 포트나이트X나이키   [그림8] 포트나이트X마블

포트나이트는 다양한 업계와 콜라보레이션을 진행하는 것으로 유명하다. 메타버스 개념이 등장하며 포트나이트가 주목받을수록 그 빈도는 잦아지고 있으며 심지어 실존 인물도 스킨으로 출시된다. 나이키나 마블 외에도 리그 오브 레전드, NBA, 페라리, 삼성, 발렌시아가, 나루토, 스타워즈 등 장르를 불문하고 다양한 콜라보를 진행하며 홍보수단으로도 주목받고 있다. 포트나이트의 제작사 에픽게임즈의 CEO 팀 스위니는, "지금은 포트나이트가 게임이지만 앞으로는 무엇이 될지 모르겠다"며 포트나이트를 게임 이상의 것으로 만들겠다는 포부를 밝혔다.

❸ 구글의 스타라인

[그림9] 프로젝트 스타라인

1) 마법의 거울

코로나19의 영향으로 ZOOM과 같은 화상 채팅 플랫폼이 성황 중인 가운데 구글이 '프로젝트 스타라인'을 선보였다. 프로젝트 스타라인은 구글이 개발 중인 '3차원 영상대화' 기술로, 실제 대화와 흡사한 느낌의 3D 비대면 대화를 할 수 있다.

구글은 "기술을 이용해 누군가와 실제로 그곳에 있는 것처럼 함께 있다는 느낌을 만들 수 없을까"가 스타라인을 개발하게 된 배경이라고 설명했다. 스타라인 사용자는 거울처럼 보이는 화면 앞에 앉아 다른 사람과 실제처럼 대화하고 눈을 마주본다. 화상 채팅과 비슷해 보이지만, 일반 화상채팅과 달리 2D 영상을 3D 이미지로 실시간으로 변환한다. 심지어 실물 크기로 변환되기 때문에 실제로 스크린 너머 사람이 있는 듯한 착각을 일으킨다. 실제로 스타라인을 체험한 사람들은 '같은 방에 있는 것 같은 느낌'이라며 소감을 밝히기도 했다.

2) 원리와 한계

프로젝트 스타라인은 사람을 3D 이미지로 만든 후 데이터를 압축하여 전송하고, 받은 데이터를 똑같이 재현하여 렌더링하는 방식으로 진행된다. AR·VR 안경이나 헤드셋 없이 사실감을 전달하는 '라이트 필드 디스플레이 시스템' 하드웨어 기술에 컴퓨터 비전, 머신러닝, 공간형 오디오, 실시간 압축 등의 소프트웨어 기술이 결합하였다. 구글은 고해상도 카메라와 깊이 센서로 촬영한 이미지를 합친 뒤 100배로 실시간 압축하여 전송하는 방식을 통해 기술을 구현했다고 덧붙였다.

하지만 아직 완벽하게 구현되는 단계가 아니며, AR · VR 안경이나 헤드셋이 필요하지 않더라도 3D 카메라와 디스플레이 등 첨단 장비가 필요하기 때문에 상용화는 거의 불가능하다는 한계가 있다.

3) 스타라인의 미래

스타라인을 기존 화상 통화와 비교하여 실험했을 때 아래와 같은 결과가 나왔다.

- 손 제스쳐 40% 증가, 고개 끄덕거림 25% 증가, 눈썹 움직임 50% 증가
- 세부사항이나 내용을 기억하라고 했을 때 30% 더 잘 추적, 파트너에게 15% 더 집중

스타라인을 통한 화상 회의에서 비언어적 행동을 더 많이 보였으며, 더 나은 기억 회상과 시각적 주의력의 향상을 일으켰다는 것이다. 이러한 실험 결과는 개인적인 연결 촉진에 대한 스타라인의 가능성을 보여준다.

[그림10] 스타라인의 활용

미국 ASF 분류에 따르면 메타버스 환경은 가상현실(VR), 증강현실(AR), 미러월드(Mirror World), 라이프로깅(Life-logging)으로 나뉜다. 우리는 여기서 주로 텍스트가 활용되는 라이프로깅을 제외한 나머지 세 유형이 이미지나 영상을 기반으로 하고 있다는 것에 주목해야 한다. 스타라인이 다른 메타버스 관련 기술과 결합한다면 메타버스 환경에서 현실과 같은 실재감을 경험할 수 있을 것으로 기대된다.

현재는 구글의 일부 사무실에서만 사용 가능하며 맞춤형 첨단 장비를 이용해야만 한다. 구글은 향후 스타라인 기술을 보다 저렴한 가격으로 제공하여 접근성을 높이는 방식으로 개발할 예정이며, 기술 중 일부를 기존 커뮤니케이션 도구에 도입할 예정이라고 밝혔다.

❹ 엔비디아 엔터프라이즈

1) AI 개발 도우미

인공지능 컴퓨팅 기술의 선두주자인 'NVIDIA'는 AI 툴 및 프레임워크 소프트웨어 제품군인 '엔비디아 AI 엔터프라이즈'를 발표했다. 엔비디아 AI 엔터프라이즈는 말 그대로 엔터프라이즈용 AI 소프트웨어다. 엔비디아 AI 엔터프라이즈는 VM웨어 V스피어에서 실행할 수 있다.

[그림11] 엔비디아 AI 엔터프라이즈

엔비디아 AI 엔터프라이즈는 서버 가상화에 V스피어를 사용하는 수십만 기업의 IT 전문가들이 대규모 데이터센터 및 하이브리드 클라우드 환경 관리에 사용되는 것과 동일한 툴로 AI를 구현하도록 지원한다. 실시간 및 사실적인 그래픽 디자인을 위한 옴니버스 엔터프라이즈 제품군은 진정한 협업이자 B2B 예술작품이다. 엔비디아 옴니버스 엔터프라이즈 패키지에는 클라이언트 간의 공유 데이터베이스를 관리하는데 사용되는 엔비디아 옴니버스 뉴클리스 서버가 포함되어 있다.

엔비디아는 플랫폼 개발을 위해 업계 최초로 VM웨어와 협력했으며, 엔비디아 AI 엔터프라이즈를 통해 VM웨어 V스피어에서 AI 워크로드를 가상화했다. 엔비디아 AI 엔터프라이즈는 헬스케어, 스마트 팩토리, 금융 서비스의 부정행위 감지 등 광범위한 AI 솔루션을 개발하는 데 필요한 소프트웨어를 제공한다.

[그림12] VM웨어

2) VM웨어와 V스피어

기업들은 엔비디아 AI 엔터프라이즈 소프트웨어 제품을 통해 자사의 메인스트림 서버에 최신 워크로드를 추가할 수 있다. 또한 V스피어에서 가속 AI 워크로드를 실행할 수 있으며, 엔비디아 엔터프라이즈를 통해 쿠버네티스 컨테이너와 가상 머신 모두에서 실행해 메인스트림 IT 인프라에서 고급 AI 개발을 지원할 수 있다. VM웨어 V스피어는 VM웨어의 제품군 중 Date Center에 포함되는 것으로, 내부 클라우드에서 주로 사내와 데이터센터 클라우드를 표준화하여 외부 클라우드와 연결, 통합하는 클라우드 OS이다. V스피어는 인프라 서비스와 애플리케이션의 애플리케이션 서비스 제공자로 구성된다.

엔비디아 AI 엔터프라이즈는 VM웨어 V스피어에서 실행 제작을 지원하며 개발자는 V스피어 환경 내의 컨테이너와 가상 머신 모두에서 AI 워크로드를 실행할 수 있다. 엔비디아와 VM웨어가 주관하는 AI 지원 플랫폼의 새로운 이정표는 AI에 최적화된 컨테이너형 소프트웨어 및 하드웨어의 완전한 통합 스택을 제공하며, 이 모든 것은 IT를 통해 관리된다.

또한, 엔비디아 AI 엔터프라이즈는 VM웨어 V스피드 위드 탄주와 함께 도미노 데이터랩 엔터프라이즈 MLOps (Domino Data Lab Enterprise MLOps) 플랫폼에 대한 검증을 제공한다. 이 새로운 통합을 통해 더 많은 기업이 메인스트림 가속 서버에서 연구, 모델 개발 및 모델 배포를 가속화해 데이터 과학을 비용 효율적으로 확장할 수 있다.

5 젬

5000만	150만	2억
스튜디오 아이템 판매량	스튜디오 크리에이터 수	제페토 가입자 수

[그림13] 제페토

1) 제페토

제페토는 네이버 제트(Z)가 운영하는 AR 기반 아바타 메타버스 플랫폼이다. 사진을 촬영하거나 저장되어 있는 사진을 선택하면 가상 캐릭터인 '제페토'를 자동으로 생성해준다. 외형을 자유롭게 커스터마이징 할 수 있고 코드를 통해 서로 팔로우도 가능하다. 나이키, 디즈니, 헬로키티, 미니언즈, 유미의 세포들, BT21 등 제휴도 활발히 진행되고 있다. 또한 국내를 대표하는 엔터테인먼트 업체인 SM, YG, JYP 등이 제페토를 통해 다양한 콘텐츠를 생산하고 있다.

외형을 꾸미기 위해서는 아이템이 필요한데, 의상이나 헤어, 악세사리 등을 구매하여 외형을 꾸밀 수 있다. 물론 외형을 꾸미기 위한 아이템뿐만 아니라 인테리어 아이템, 제스처 등을 구매할 수도 있다. 이러한 거래에 쓰이는 재화가 바로 '코인'과 '젬'이다. 젬은 코인과 함께 제페토 내에서 아이템을 구매하기 위한 재화로, 14개에 $0.99(한화 1,200원)로 판매되고 있으며 수량에 따라 가격이 달라진다. 젬은 현금 결제 외에도 특정 앱을 다운받거나 특정 목표에 도달, 설문조사 참여, 제품 구매 등으로 얻을 수도 있다. 이 기능을 '탭조이'라고 한다.

[그림14] 제페토를 통한 수익창출

제페토에서는 유저들이 자신만의 아이템을 제작하고 판매할 수 있는 '제페토 스튜디오' 기능도 제공한다. 이 기능을 통해 유저들은 아이템을 직접 제작하고 다른 유저들에게 본인이 만든 아이템을 판매해 이익을 얻기도 한다. 특이한 점은 제페토 스튜디오에서 판매되는 물품은 젬으로만 구매할 수 있다는 점이다. 젬은 현금 인출이 가능하기 때문에 제페토 스튜디오를 이용해 아이템을 만들어 수익을 창출하는 사람들도 늘어나고 있다.

해외와 국내의 여러 브랜드가 이 기능을 적극적으로 활용하고 있다. '구찌'는 제페토에서 옷과 악세사리 등을 만들어 판매하고 있으며, 2021 s/s 신상품 일부를 구현한 버추얼 컬렉션을 포함한 60종의 아이템을 직접 착용할 수 있게 만들었다. 또한 구찌 본사가 있는 이탈리아 피렌체를 배경으로 '구찌 빌라' 월드맵도 운영하고 있다.

'현대'는 자동차 업계 최초로 제페토에 차량을 구현해 내기도 했다. 현대는 플랫폼 내 인기 맵인 다운타운과 드라이빙 존에서 유저들이 소나타 N 라인을 시승할 수 있도록 했다. 유저들은 디자인을 살펴보는 것은 물론 실제로 아바타가 시승하는 모습을 영상과 이미지로 제작할 수 있었다. 신차 발표회는 항상 많은 관심을 끌고 있다. 구찌나 현대 외에도 루이비통, 나이키, 컨버스, 디즈니, 크리스챤 디올 등 다양한 브랜드가 제페토에 참여하고 있다. 유저들은 해당 브랜드의 옷을 입어보고 제품으로 화장을 하는 등 다양한 체험을 할 수 있다.

2) MZ세대

제페토는 2018년 출시되어 2022년 3월 4일자에 3억 명 이상의 유저를 보유하고 있으며, 특히 10대를 중심으로 인기를 끌고 있다. 투자를 위해 눈에 불을 켜고 주식을 검색하고 몇 천만 원짜리 가상 토지를 거래하는 타 메타버스 플랫폼들과 달리, 제페토는 MZ세대를 공략하기 가장 좋은 플랫폼이다. 제페토 속에서 구찌는 수백만 원 짜리 명품이 아닌 몇 젬(ZEM) 짜리 브랜드다. 제페토를 통해 체험을 제공하고 제품을 판매할 수 있을 뿐 아니라 브랜드 인지도를 높이고 친밀감을 높일 수 있다는 뜻이다. 제페토 관계자는 "이용자들에게 차별적인 콘텐츠를 선보일 수 있도록 다양한 지식재산권 및 브랜드 협업을 이어갈 계획"이라고 밝혔다. 다양한 브랜드 협업으로 인한 체험들이 차별적인 콘텐츠가 되어 MZ 세대를 사로잡고, MZ 세대를 겨냥한 마케팅을 위해 브랜드 협업으로 이어지는 모습이다.

6 샌드박스

[그림15] 더 샌드박스

1) 샌드박스와 NFT

'더 샌드박스'는 아르헨티나의 블록체인 게임 개발사다. NFT(Non-Fungible Token, NFT)를 활용해 복셀(VoXel)을 제작하는 게임인 더 샌드박스를 개발하고 있다. 더 샌드박스는 복스에딧(복셀 아이템과 캐릭터를 사용자가 직접 제작), 마켓플레이스(아이템을 직접 거래), 게임메이커(아이템을 활용하여 게임 제작)로 구성된다.

더 샌드박스는 현재 전 세계에서 가장 유망한 블록체인 게임 중 하나이자, 블록체인에서 복셀 자산과 게임 경험을 통해 수익을 창출 할 수 있는 커뮤니티 중심 플랫폼이다. 유저들은 더 샌드박스 내 가상공간인 '랜드(LAND)'를 임대하거나 유틸

리티 토큰 '샌드(SAND)'를 랜드에 스테이킹하여 수익을 창출할 수 있다. 여기서 스테이킹이란, 특정 암호 화폐를 블록체인 네트워크에 맡기고 그 대가로 일정 수익을 보상받는 것을 말한다. 또한, 더 샌드박스는 이더리움(Ethereum) 지갑인 메타마스크와 업무 제휴를 맺어 이더리움을 통해 다양한 컨텐츠를 소비할 수 있다.

더 샌드박스 홈페이지에서 제공하는 게임 메이커, 복스에딧, 아바타 툴은 유저들의 기대를 만족시키고 있다. 내가 만든 아이템을 사고 팔거나 내가 만든 게임에 전세계 유저들이 참여하여 콘텐츠를 소비하고, 나만의 아바타를 만든다는 점에서 메타버스 세계에서 개성을 표현하는 데 효과적이며 확장성과 수익성을 모두 갖추고 있다고 볼 수 있다.

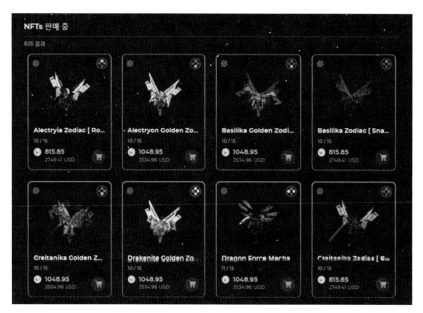

[그림16] NFT 마켓플레이스

특히 더 샌드박스 속 다양한 콘텐츠는 NFT를 통해 희소성을 부여받고 새로운 가치를 창출하게 되었다. 얏 시우(Yat Siu) 애니모카브랜드 대표는 NFT를 활용한 게임에 투자한 이유를 이렇게 설명했다. "콘텐츠가 곧 플랫폼이다. 이제는 게임이 아닌 아이템이 곧 플랫폼이 되는 시대가 열릴 것이다." NFT를 활용한 블록체인 게임에서는 더 많은 게임이 특정한 아이템을 사용할수록 그 아이템의 가치가 올라가기 때문이다.

2) 새로운 지도

메타버스가 등장하고 '랜드'라는 새로운 땅이 생겼다. 제페토, 바이낸스, 아디다스, 아타리 등 유명 기업들이 메타버스인 더 샌드박스 내에 랜드를 소유하고 있다. 또한 더 샌드박스는 뽀로로, K리그, 스눕독, 워킹데드, 스머프, 케어베어 등 165개 이상의 브랜드 캐릭터를 3D로 구현하는 파트너쉽을 체결했다. 최근에는 구찌(Gucci)가 더 샌드박스에 랜드를 구매하여 화제가 되기도 했다.

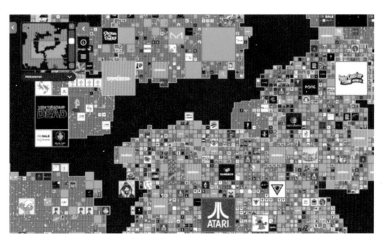

[그림17] 샌드박스 LAND

랜드는 위치에 따라 일반 랜드와 프리미엄 랜드로 구분된다. 프리미엄 랜드는 유명 파트너사의 주변 부지들을 뜻하며 랜드는 3x3, 6x6, 12x12 다양한 사이즈로 판매된다. 랜드 세일 때 1x1 사이즈 일반 랜드의 가격은 한화 약 560만 원, 프리미엄 랜드의 가격은 한화 약 2,600만 원이다. 랜드 세일은 오픈과 동시에 순식간에 마감된다. 여러 개가 묶여 있는 것을 이스테이트(Estate)라고 하며 이스테이트는 'Open sea'라는 NFT 거래 플랫폼에서 경매로 판매된다. 더 샌드박스의 2021년 4분기 보고서에 따르면 랜드 1차 판매량은 전분기와 비슷했지만 오픈씨(Open sea)

에서의 거래량은 전 분기 대비 1,685% 폭증했다고 한다. 2021년 한 해 더 샌드박스의 랜드 세일액은 3.5억 달러로 집계되었으며, 이 중 80%가 4분기에 몰렸다. 4분기 활성 구매자 수는 약 37% 증가했고 2021년 분기마다 구매자 수는 꾸준히 증가했다.

7 디센트럴랜드

[그림18] 디센트럴랜드 홈페이지

1) 가상 부동산

현재 게임 트렌드는 P2E(PlaytoEarn)를 빼놓고 이야기할 수 없다. P2E란 '게임을 하면서 돈을 번다'는 개념으로, 게임을 즐기는 동시에 수익을 창출 할 수 있다는 점에서 많은 주목을 받고 있다. 실제로 게임 스타트업 대부분이 NFT와 P2E를 탑재하고 있고 투자 역시 P2E 스타트업에 몰리는 추세다. 메타버스 개념이 등장한 이후 P2E 게임은 점차 확장되어 가상화폐와 NFT를 탑재한 메타버스 플랫폼으로 거듭나고 있다. 이런 시점에서 이더리움 블록체인 기반의 가상현실 플랫폼인 '디센트럴랜드'는 NFT를 탑재한 P2E 게임의 대표라고 할 수 있다.

디센트럴랜드에서는 마나(MANA)라는 가상화폐를 사용한다. 디센트럴랜드의 기본 가상자산인 마나는 이더리움 블록체인 기반의 디지털 자산으로, 마나를 통해 디센트럴랜드 속 토지를 거래하고 타 유저의 콘텐츠를 즐길 수 있다. 랜드(LAND)의 소유권은 게임 내 가상화폐인 마나를 통해 얻어지며, 마나는 전자화폐 거래소에 상장된 코인으로 실제 현금화도 가능하다.

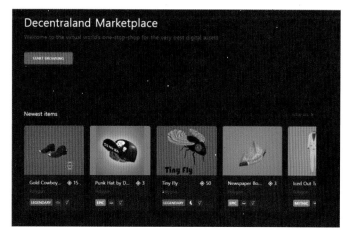

[그림19] 마켓플레이스

디센트럴랜드는 블록체인 기반의 가상세계 플랫폼으로 가상세계에서 한정된 땅을 사고 팔 수 있는 '가상 부동산'이다. 디센트럴랜드라는 가상현실 세계에서 유저는 토지를 구매하거나 판매할 수 있고, 이 외에 다양한 활동도 이루어진다. 디센트럴랜드 속에서 유저들은 자신만의 땅, 작품, 대체 불가능한 토큰(NFT)을 개발하고 소유할 수 있다. 디센트럴랜드의 토지들은 지역사회에 영구적으로 소유되어 있기 때문에 유저들은 가상 토지의 소유권을 주장할 수 있다. 토지는 이더리움 스마트계약에 저장되어 있으며 대체가 불가능하다. 또한 랜드의 수는 총 9만61개로 정해져 있어 '부증성(양이 증가하지 않는 성질)'의 측면에서 현실 부동산과 공통점이 있다.

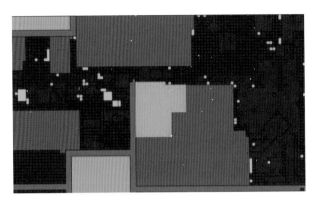

[그림20] 마나로 거래되는 랜드

2) DAO

디센트럴랜드는 타 온라인 게임들과 달리 DAO(Decentralized Autonomous Organization)라는 탈중앙화 자치 기구를 통해 플랫폼을 관리한다. DAO는 가상화폐를 가진 유저들이 기업의 주요 사안에 참여할 수 있도록 하는 탈중앙화 시스템으로, 유저들은 게임과 운영 정책에 대해 직접 투표할 수 있다. 마나를 소유한 유저들에게 디센트럴랜드를 공동 통치할 수 있는 권한을 부여한 것이다. DAO는 마켓플레이스의 모든 거래에 대한 2%의 수수료를 받는다. 또한 LAND, Estates, Names, Wearables 판매에 대한 2.5%의 수수료 중 일부도 DAO로 이전된다. 이렇게 모인 돈은 디센트럴랜드의 개발 및 활성화에 도움을 준 유저들에게 보조금이라는 형태로 지급된다.

3) 삼성선자 플래그쉽 스노어

전 세계 반도체 회사 1위인 삼성은 디센트럴랜드 속 'Samsung 837X'라는 이름의 삼성전자 플래그쉽 스토어를 오픈했다. 미국법인의 삼성전자 매장은 실제로 맨해튼 워싱턴 스트리트 837번지에 있는데, 디센트럴랜드 속 실제 매장과 같은 위치에 가상 매장을 오픈한 것이다. 가상 매장에는 연결 극장, 자연의 숲, 음악 카페가 있으며 NFT배지를 주는 이벤트도 진행됐다. 삼성전자는 방문자들이 가상 매장에서 삼성전자의 웨어러블 기기를 NFT로 제작하고 아이템으로 착용할 수 있도록 했다.

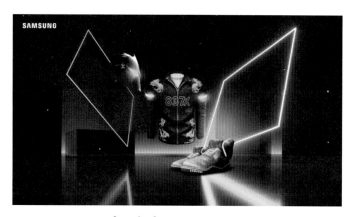

[그림21] Samsung 837X

　삼성과 같은 세계적인 거대 기업이 메타버스 시장에 참가한다는 것은 메타버스 시장이 하나의 투자 자산으로 인정받는 동시에 주류 시장으로 편입한다는 것을 의미한다. 물론 왜 실제로 볼 수도 없고 만질 수도 없는 가상세계의 부동산을 구입하고 또 운영하는지 의문을 가질 수도 있다. 이에 미국 '리퍼블릭'의 부동산 투자 부문 총괄인 재닌 요리오는 "오늘날 가상부동산은 1750년대 맨해튼 땅을 구입하는 일과 같다"라고 말했다. 가상부동산이 당장 보기에는 큰 가치가 없어 보이지만 그 성장 가능성은 미 서부 개척시대에 버금간다는 뜻이다.

[그림22] 매장을 방문한 사람들

Section 8

NFT와 사례

NFT와 사례

■ NFT란

　NFT란 무엇인가? 디지털트랜드의 빠른 변화가 이제는 NFT라는 단어가 인터넷 사이트를 흔들고 있다. NFT는 Non-Fungible Token의 약자이다. 우리말로 번역을 하자면 '대체 불가능한 토큰'으로 대부분 번역을 하고 있다. 굳이 정의하자면 소유권을 증명해주는 희소성 있는 무형의 가상 자산이라고 필자는 정리하고 싶다. NFT라는 단어가 우리의 입에 오르내리기 시작한 것은 아마도 2021년 봄부터 아닐까 싶다. 구글의 검색순위에서도 가장 많은 검색어로 NFT가 등장을 하였다. 조금이라도 방송이나 뉴스, 인터넷을 통해 접해보신 분들이 있다면 암호화폐나 가상화폐를 이용하여 유명작가의 작품이 인터넷에서 수억원에 판매가 되었다는 뉴스를 들어보셨을 것이다. 물론 눈에 보이지 않고 현실에서 소유도 할 수 없는데 무슨 돈을 그렇게 많이 쓰느냐는 분들도 있다. NFT는 이제 시작 단계라서 여러 가지로 문제점들도 가지고 있지만 향후 많은 사람이 NFT를 사용할 것으로 예측하고 있다.

　NFT의 반대는 FT라고 할 수 있다. 즉, 대체 가능한 것을 의미한다. 이렇게 대체 가능한 것은 현금이나 암호화폐 등이 있으며, 상대적으로 부동산과 같은 땅이나 집은 대체 불가능한 것으로 보면 이해가 쉽다.

NFT는 특정 자산에 대한 고유한 디지털 소유권을 부여해준다. 블록체인 기술을 이용하여 특정 디지털 창작물에 고유한 인식값을 부여한 디지털콘텐츠의 원본 또는 소유권 인증서라 할 수 있다. 또한, 토큰화된 디지털 자산으로서 희소성의 가치를 부여해주는 것이다. NFT시장은 2019년도에 1억 4,000만 달러에서 2021년 20억 달러, 2030년까지는 1,000조 원을 넘어설 것으로 예상됩니다.

존 왓킨슨과 매트홀은 그들만의 NFT 캐릭터를 개발해보기로 하고 '펑크'라고 불리는 24×8 비트 픽셀 이미지로 된 캐릭터들을 개발하였다. 각 캐릭터는 소프트웨어 알고리즘을 통해 무작위로 조합되어 똑같지 않은 10,000개의 고유한 펑크가 생성되었다. 이렇게 나온 것이 바로 크립토펑크(Cryptopunks)이다. 또한 2017년 블록체인 스타트업 대퍼랩스(Dapperlabs)에서 크립토키티(Cryptokitties)라는 이름으로 출시된 고양이 육성게임이 있었다. ERC-721 기술을 적용한 것으로 똑같은 고양이는 하나도 나오지 않는다.여기서 제네시스 고양이는 11만 8,000달러(한화 약 1억 2천만원)에 거래되기도 했다. 가수 그라임스의 워님프와 NBA TOP 샷과 같은 NFT도 많은 인기를 끌었다. NFT를 알려면 블록체인과 암호화폐와의 관계를 잘 이해하고 있어야 한다. NFT 거래는 암호화폐로 거래가 되고, 종류도 무척 많기 때문에 잘못하면 손실을 입을 수 있기 때문이다. 현재 이더리움은 NFT에서 사용하는 가장 인기있는 암호화폐이다. 이는 NFT가 일반적으로 ERC-721토큰 표준으로 구현되기 때문이다.

[그림1] 크립토펑크

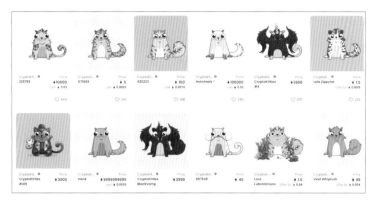

[그림2] 크립토키티

 2018년도에서 2019년도에는 NFT빅뱅이라고 할 수 있는데 오픈씨와 같은 NFT 마켓플레이스가 각광을 받기 시작했다. 앞으로 NFT는 디지털아트, 음악, 부동산, 게임 등 다양한 영역에서 사용이 늘어날 것이며, 수많은 NFT 관련 업체들이 생겨날 것으로 예상된다. 이번 장에서는 NFT의 대표라 할 수 있는 오픈씨와 샌드아트를 중심으로 기술하고자 한다.

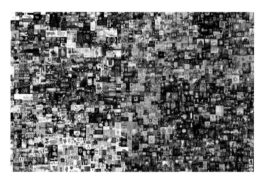

[그림3] 비플의 Everydays : The First 5000 Days

[그림4] 그라임스의 단편비디오 "워 님프"

 NFT는 일종의 프로그램 코드 조각이다. 이것이 이더리움 블록체인에 올라가면 스마트컨트랙트가 된다. 스마트컨트랙트란 블록체인 기반으로 체결하고 이행하는 다양한 형태의 계약이다. 이 스마트컨트랙트에는 NFT의 코드에 어떤 정보가 포함되어야 하며, 그 외에 어떤 정보가 더 추가될지 표준 규격이 정해져 있다.

NFT의 소유, 이전에 관련한 규격 외에도 다양한 요소로 구성되어 있다. 이름, 메인컨텐츠, 미리보기컨텐츠, 설명, 속성, 잠금해체컨텐츠, #지속적로열티, 공급량 등이다(출처: 작성자 돈 읽는 NFT 블로그 인용).

② 블록체인과 암호화폐

블록체인이란 블록(Block)과 체인(Chain)의 합성어로 분산형 데이터 저장기술을 의미한다.

블록체인의 특징은 누구나 열람할 수 있는 장부이며, 거래 내역을 투명하게 기록한다. 여러 대의 컴퓨터에 분산, 복제하여 데이터를 저장한다.

은행의 거래방식은 모든 장부를 중앙에서 관리한다. 따라서, 중앙집중화된 거래 장부로 운영되고 있다. 블록체인은 탈중앙화 방식으로 모든 거래는 분산화된 개인의 컴퓨터에 저장이 된다. 블록은 거래와 관련된 정보를 기록하게 되는데 거래가 일어나면 온라인에서 생성되어 네트워크상의 모든 참여자에게 전송이 된다. 참여자들은 거래정보의 유효성을 상호검증하여 검증이 완료된 블로감 체인에 등록된다. 블록은 10분마다 생성이 된다.

블록체인은 여러 컴퓨터로 이루어신 탈중앙화된 네트워크에 데이터가 저장되고 관리된다.

[그림5] 블록체인

이러한 블록체인의 기반 위에 암호화폐의 대표 격인 비트코인(Bitcoin)이 출현하였다. 이후에는 이더리움, 리플과 같은 암호화폐들이 대거 나오기 시작하였다. 암호화폐를 거래하는 곳들이 있는데 국내 대표적인 곳으로는 업비트, 빗썸, 코인원, 코빗 등이 있다. 미국의 경우에는 바이낸스, MEXC 거래소가 대표적이다.

[그림6] 국내거래소　　　　　　　　[그림7] 국외거래소

암호화폐로는 비트코인,이더리움이 대표적이다. 그런데, NFT 거래시에는 이더리움 기반의 블록체인하에서 대부분 이루어지고 있다. NFT를 판매하거나 구매를 하기 위해서는 블록체인과 암호화폐에 대한 상식을 가지고 있어야 한다.

[그림8] 비트코인　　　　　　　　　　　　　　　[그림9] 이더리움

　오픈씨라고 불리는 NFT 최대 마켓플레이스에서는 세가지의 블록체인을 기반으로 판매와 구매가 진행되는데 이더리움, 폴리곤, 클레이튼 블록체인을 지원하고 있다.

　NFT를 하기 위해서는 암호화폐 거래소에 가입하여 원화를 코인으로 바꾸어서 거래를 진행해야 한다. 따라서, 국내 거래소에 회원가입후 NFT 거래를 할 수 있는데 미리 가입을 하고 일정 금액을 입금해 놓길 바란다. 출금을 하기 위해서는 특금법에 의해 72시간 즉, 3일이 지나야 거래를 할 수 있다.

③ 메타마스크와 카이카스

　NFT를 거래하기 위해서는 암호화된 지갑이 있어야 한다. 대표적으로 사용되는 지갑이 메타마스크와 카이카스이다. 메타마스크는 이더리움블록체인에서 사용되며, 카이카스는 클레이튼 기반의 블록체인에서 사용된다.

　메타마스크는 암호화폐지갑으로서, 2016년 블록체인 소프트웨어 회사인 컨센시스에서 개발하였다. 이더리움 블록체인과 네트워크에서 실행되는 모든 ERC-20토큰을 지원하며 오늘날 시장에서 가장 인기있는 지갑이라고 할 수 있다. 메타마스크와 카이카스 지갑은 사용 방법이나 설치 방법이 비슷하므로 여기서는 메타마스크를 중심으로 설명을 하도록 한다.

카이카스 지갑은 크롬웹스토어에서 kaikas를 크롬에 추가하여 사용하도록 하면 된다.

[그림10] 메타마스크   [그림11] 카이카스

먼저 구글에서 메타마스크를 검색한다. 피싱 사이트들이 많으니 다음의 주소를 입력하여 메타마스크에 접속하는 것을 추천한다. 다음의 주소를 https://metamask.io/ 주소창에 직접 입력하여 접속한다.

① 메타마스크 사이트에 접속하여 download를 클릭한다[그림12].
② Install Metamask for Chrome를 클릭한다[그림13].

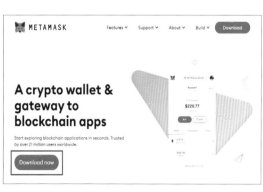

[그림12] 다운로드 클릭   [그림13] Install Metamask for Chrome 클릭

③ Chrome에 추가한다[그림14].
④ 확장프로그램 추가를 클릭한다[그림15].

[그림14] Chrome에 추가   [그림15] 확장프로그램 추가 클릭

⑤ 처음 시작하면 환영메세지가 보인다[그림16]. 메타마스크에서 지갑생성을 시작한다[그림17].

[그림16] 환영메세지   [그림17] 지갑생성

⑥ 메타마스크 개선여부는 동의해도 안해도 되니 아무쪽이나 선택해도 된다[그림18]. 지갑에 사용할 암호를 생성한다[그림19].

[그림18] 개선여부는 동의 OR 비동의　　　[그림19] 암호 생성

⑦ 암호는 별도의 종이에 직접 기록하고, 컴퓨터 내에 보관하는 일이 없도록 주의해야 한다. 만일 자신의 컴퓨터가 해킹될 경우 지갑을 잃을 수도 있다는 안내문을 확인하도록 한다.

[그림20] 비밀단어들이 보이면 드래그하여 전체를 선택한 후 복사하여 메모장에 붙여 넣는다. 비밀 구문을 확인하는 절차에 따라 보이는 단어를 순서대로 클릭하여 배열한다. 단어를 그냥 클릭하는 것이 아니라 순서대로 메모장을 보고 진행한다. 메모장의 구문은 별도로 프린트하여 보관하는 것이 좋다. [그림21]

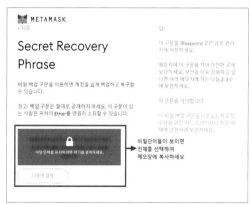

[그림20] 지갑 보호하기　　　[그림21] 비밀 단어 복사

⑧ 완료되면 이제 지갑을 사용할 수 있다.

[그림22] 이후에는 메타마스크를 확장팩에 고정해 놓으면 크롬 브라우저 우측 상단에서 볼 수 있다. [그림23]

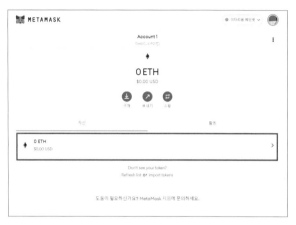

[그림22] 지갑 생성 완료

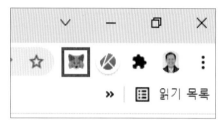

[그림23] 메타마스크 확장팩에 고정

4 오픈씨

오픈씨(opensea.io)는 세계 최대의 nft 마켓플레이스라고 할 수 있다. 위키피디아에 따르면 2017년에 미국 뉴욕에 본사를 두고 데빈핀저와 알렉스 아탈라가 설립한 회사다. 2021년 2월 9,500만 달러 9월에 27억 5,000만 달러의 매출을 올렸다. 그리고, 2022년 1월에 133억 달러로 평가가 되고 있다.

오픈씨에 NFT 작품을 민팅하려면 먼저 오픈씨 웹사이트에 접속한다. 검색 시 피싱 사이트로 갈 수도 있으니 https://opensea.io/ 를 직접 주소창에 입력하는 것이 좋다.

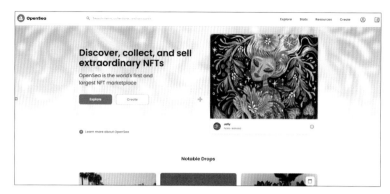

[그림24] 오픈씨 메인화면

오픈씨에 접속하게 되면 설치된 메타마스크 지갑으로 로그인을 한다.

[그림25] 메타마스크로 로그인하기

메타마스크 패스워드를 입력한다. 메타마스크에서 서명을 요청하면 서명을 클릭
한다.

[그림26] 계정 선택

[그림27] 서명 클릭하기

1) 컬렉션 만들기

오픈씨에 NFT 민팅을 하기 위해서는 먼저 컬렉션을 만들어야 한다. 컬렉션을 만들지 않고 민팅을 할 경우에는 최저가격을 넣을 수 있는 가격 항목이 없으며, 크리에이터로서 2차 수수료를 받을 수 있는 항목도 없으므로 먼저 컬렉션을 구성해야 한다.

메타마스크로 로그인한 후 상단의 Create 버튼에 마우스를 올리면 My Collections 메뉴가 보인다. 컬렉션을 만들기 전에 이미지를 미리캔버스와 같은 툴을 이용하거나, 이미지 저작툴로 로고 이미지와 피쳐이미지, 배너 이미지와 컬렉션의 영문 이름을 미리 만들어둔다.

이렇게 만드는 컬렉션은 인터넷쇼핑몰의 상점을 구성하는 것과 같다. 하나의 NFT 샵을 오픈씨에 만드는 것과 같다.

- 로고이미지 : 350×350
- 피쳐이미지 : 600×400
- 배너이미지 : 1400×400

① 메뉴를 클릭한다.

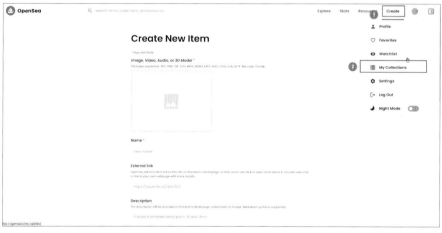

[그림28] My Collections 메뉴 클릭하기

② Create a Collections 버튼을 클릭한다[그림29].

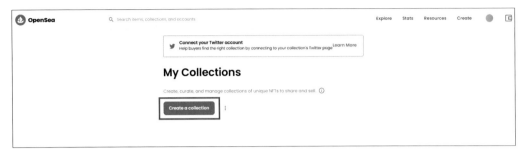

[그림29] My Collections 만들기 1

③ logo image, Featured image, Banner image를 클릭하여 미리 만들어 놓은 이미지를 넣어준다[그림30].

[그림30] My Collections 만들기 2

④ [그림31]과 같은 이미지기 민들이진다.

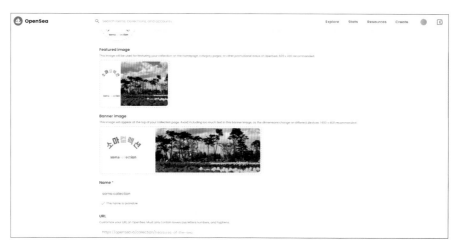

[그림31] My Collections 만들기 3

⑤ 컬렉션의 영문이름을 추가하고 오픈씨에서 사용할 주소를 영문으로 입력한다 [그림32].

[그림32] My Collections 만들기 4

⑥ 컬렉션의 카테고리를 선택하여 입력해준다. 그리고, 홈페이지를 운영하거나 SNS를 운영한다면 해당 URL에 맞게 자신의 ID를 입력해준다[그림32].

⑦ 로열티는 2차 시장에서 나의 NFT가 판매되었을 경우에 추가로 받을 수 있는 수수료이다. 최대 10%까지 입력할 수 있다. 블록체인의 경우 이더리움과 폴리

곤 기반으로 나누어진다. 이더리움의 경우 판매등록 시 가스비라고 하는 수수료가 지불되며, 폴리곤의 경우 무료로 판매등록을 할 수 있다. 지불가능한 토큰도 이더리움이 기본값이지만 추가도 할 수 있다. 디스플레이 테마는 nft를 보여주는 방식이므로 가장 적합해 보이는 것으로 선택한다. 하단의 Create 버튼을 클릭한다[그림33].

[그림33] 로열티와 블록체인선택

⑧ 아래처럼 완성된 컬렉션을 볼 수 있다.

[그림34] 완성된 필자의 컬렉션

2) NFT 민팅과 판매등록

지금까지 컬렉션을 완성하였으니 이제부터는 NFT 민팅과 판매등록을 진행해 본다.

먼저 해당 컬렉션의 우측 상단을 보면 Add item 버튼이 보인다.

① Add item 버튼을 클릭하여 순서대로 NFT를 민팅해본다. 사전에 민팅할 nft 를 2~3개 정도는 제작해 놓고 하는 것이 좋다[그림35].

[그림35] NFT민팅하기 1

② NFT를 저장한 폴더에서 이미지나 동영상, 오디오 또는 3D모델링을 가져온 다. NFT의 명칭을 쓴다. 가능하면 영문으로 기입한다. 외부링크 주소를 연결 한다. 오픈씨에 올리는 이미지는 원본이라기보다는 썸네일 형태가 많으므로 실제 디지털 아트나 작품이 위치해있는 곳을 기입해야 한다. 동영상의 경우 유 튜브 주소를 올려주는 것이 좋다. [그림36]

[그림36] NFT민팅하기 2

③ 공급가능한 NFT의 개수를 입력한다. NFT는 희소성이 있어야 하므로 가능하
면 적은게 좋다. 하지만, 다양하게 많은 NFT를 발행할 수도 있다. 블록체인을
선택하고, Create 버튼을 클릭한다.

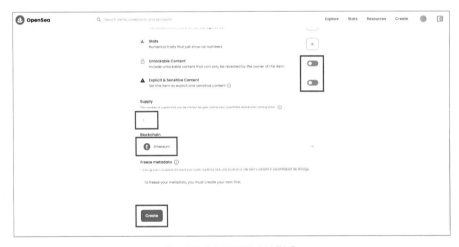

[그림37] NFT민팅하기 3

④ 이렇게 하면 민팅이 완료된다.

[그림38] NFT민팅하기 4

⑤ 지금까지는 별도의 비용이 들어가지 않는다. 이제는 판매등록을 하여야 한다. 이더리움 블록체인에서 등록을 할 경우 이더리움 가스비가 들어간다. 즉, 등록에 필요한 수수료라고 할 수 있다.

⑥ 민팅된 NFT를 판매하기 위해 판매등록을 한다. 우측 상단의 Sell 버튼을 클릭한다[그림39].

[그림39] NFT민팅하기 5

6) 판매가격과 판매기간을 입력하라고 나온다. 이더리움 블록체인을 선택했으므로 이더리움 가스비를 지불해야 한다. 번들로 제공할 제품이 있는지 선택하는 항목과 사전에 예약구매 요청한 구매자가 있는지 선택하는 항목이 있다. 아래 Fees를 보면 Service Fee는 오픈시에 제공되는 수수료 2.5%이며, Creator Royalty는 컬렉션에서 내가 설정해놓은 2차 판매시 수수료이다. 2차 판매는 나의 NFT구매자가 다시 제3자에게 판매했을 때 내가 제3자에게서 전체 판매금액의 10% 이내에서 내가 정한 수수료를 받는 것을 의미한다[그림40].

[그림40] NFT 판매등록하기

7) 가스비를 지불할 경우 메타마스크가 자동으로 보이거나 우측 상단의 크롬브라우저에 보면 메타마스크가 활성화되어 숫자1이 보일 수 있다, 클릭하여 서명을 진행하면 된다. 이때 이더리움이 부족하면 자금부족으로 판매진행이 되지 않으니 초기에 약 200달러 정도는 여유가 있어야 한다. 이더리움 가스비는 수시로 변하므로 거래가 적은 시간인 오후 4시에서 밤 8시 전에 하는 것이 유리하다. [그림41]

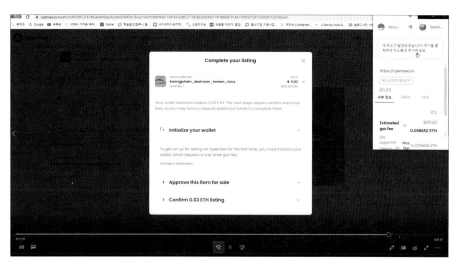

[그림41] NFT 판매등록에 필요한 가스비 지불

⑧ 가스비(수수료)가 나오며 수시로 변하니 저렴해 보이면 바로 서명을 진행한다 [그림42].

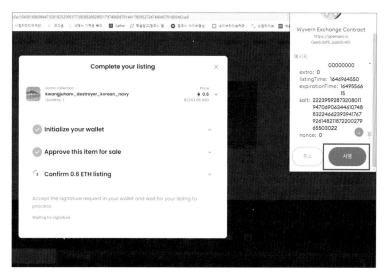

[그림42] NFT 판매등록하기

⑨ 서명이 완료되면 [그림43]과 같이 완료되어 아이템 보기가 나온다. View item을 클릭한다.

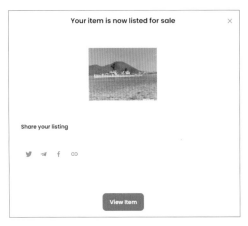

[그림43] NFT 판매등록완료 1

⑩ 이제는 완전히 판매 등록까지 마쳐졌다. 이제는 판매가 되기를 기다리면 된다.

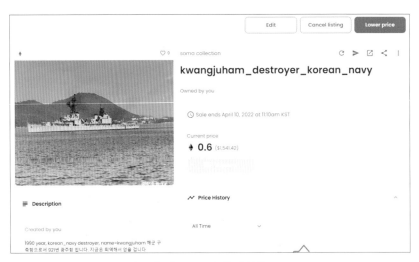

[그림44] NFT 판매등록완료 2

⑤ 마켓플레이스

오픈씨이외에도 다양한 마켓플레이스들이 있다. 두 가지 유형의 마켓플레이스가 있으며, 사용자가 제작 가능한 마켓플레이스와 사용자 제작이 불가능한 마켓플레이스가 있다.

사용자 제작가능한 마켓플레이스를 먼저 보도록 하자.
사용자가 NFT를 직접 발행, 민팅, 거래할 수 있는 마켓을 의미한다.

1) 사용자가 제작가능한 마켓플레이스
(1) 무허가형 마켓

사용자 누구나 NFT를 발행하고 판매할 수 있다는 것이 장점이다. 디지털아트, 수집품, 가상부동산, 게임아이템, 동영상, 음악 등을 자유롭게 거래할 수 있다. 대표적으로 오픈씨, 라리블, 민터블 등이 있다. 오픈씨는 전 세계 최대의 NFT마켓플레이스로서 NFT 제작과 거래가 간편하다. 민팅시 비용은 무료이며, 판매등록시 이더리움은 가스비를 지불해야 한다. 판매시 수수료로 판매대금의 2.5%를 지불해야 한다. 사용하는 블록체인은 이더리움, 폴리곤, 클레이튼 기반이다.

오픈씨의 경우에는 카카오의 '그라운드X'와 제휴가 되어 있어서 클레이튼 기반의 블록체인을 이용하면 자신의 NFT를 무료로 민팅 및 판매등록을 할 수 있다.

라리블도 오픈씨처럼 사용자가 쉽게 거래를 할 수 있다. 라리블은 판매 수수료를 판매자와 구매자 모두에게 2.5%씩을 부과하고 있다. 이더리움 블록체인을 이용하여 가스피를 지불해야 하는 것이 단점이다.

(2) 부분선별형 마켓

누군가에게 초대를 받거나 허가가 있어야 작품을 올릴 수 있다. 대표적으로는 파운데이션과 블록파티가 있다. 예를 들면 파운데이션에서 작품을 판매한 창작자는 다른 창작자를 초대할 수 있는 코드를 받게 되고 이를 통해 초대받은 창작자들도 참여를 할 수 있다. 허가형 마켓보다는 좀 더 수준 높은 전문가들의 작품을 볼 수 있다는 것도 장점이다.

파운데이션은 예술가, 큐레이터들이 놀이터라고 부른다. 양질의 다채로운 예술품이 있으며, 커뮤니티가 활발하다. 판매 수수료가 15%로 높은 편이며, 이더리움 블록체인을 이용한다.

(3) 완전선별형 마켓

선별된 크리에이터들에게만 작품을 올릴 권한이 부여된다. 지원자가 많아 선별 과정에 시간이 많이 소요된다. 특정 그룹의 창작자나 컬렉터들이 대상이라서 전통 미술 시장의 아트갤러리와 유사한 특징을 가지고 있다. 대부분은 미술품과 관련된 NFT 거래로 특화되어 있다. 슈퍼레어, 메이커스플레이스, 크립토닷컴 등이 있다. 슈퍼레어는 오로지 싱글에디션만 취급하며, 다른 마켓에서 판매되지 않는 독점 디지털아트만을 취급한다.

2) 사용자 제작이 불가능한 NFT 마켓 플레이스

특정플랫폼에서 거래가 이루어지며 크립토펑크, 크립토키티 등이 있으며, 디스코드나 트위터를 중심으로 활발한 커뮤니티를 보유한 것이 특징이다. 스포트 컬렉터블인 NBA톱샷도 해당된다고 볼 수 있다. NBA톱샷은 역사적인 NBA 경기 장면을 담은 동영상 NFT를 구입할 수 있는 마켓플레이스이다. NBA톱샷의 경우 이벤트에 참여하면 무료 NFT를 얻을 기회도 있으며, 플로우 블록체인을 이용한다. NFT를 신용카드로 구매할 수 있으나 현금을 인출하는 데 수주일이 걸린다.

3) 메타버스와 연관된 마켓플레이스

메타버스 NFT 마켓플레이스에서는 사용자들이 아바타를 만들어 교류하며, 디지털 지갑을 연동하여 미술품, 음악, 의류, 가상부동산을 NFT로 거래한다. 디센트럴랜드와 샌드박스 등의 플랫폼들이 대표적이라 할 수 있다.

4) 2022년 3월 기준 NFT마켓플레이스 시장

다음은 마켓플레이스의 TOP10 순위이다. https://bit.ly/3t2CSWm

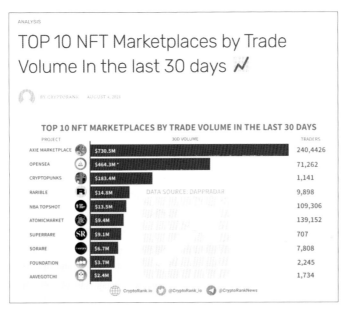

[그림45] NFT 마켓시장 순위

〈참고자료〉

- 참고서적 : NFT레볼루션(성소라외, 더퀘스트 출판사)
- 인터넷 : 위키피디아, 오픈씨
- 블로그 : 돈읽는 NFT블로그